폭풍 속의 동행 ; 두려울 때

폭풍 속의 동행; 두려울 때

김수영 지음

규장

추천의 글
우리의 두려움 속에 가장 가까이 계시는
하나님을 만나십시오!

이 글을 쓸 즈음
북한의 연평도 포격 사건으로 온 나라가 뒤숭숭해졌습니다. 우리는 언제 무슨 일이 일어날지 모르는 일촉즉발의 위기 속에 살고 있습니다. 예를 들어 내가 아무리 바르게 주행해도 맞은편 차선에서 음주 운전자 차량이 차선을 넘어오면 커다란 재앙을 맞게 됩니다. 또한 언제 찾아들지 모르는 갖가지 질병에 노출되어 살고 있습니다. 세상 어디를 보아도 두려움의 조건으로 가득 차 있는 것, 그것이 인생입니다. 이런 인생길에서 '어떻게 두려움을 이기고 하나님의 자녀로 살 것인가' 하는 것이 우리 모두가 당면한 문제입니다.

이 책에서는 '두려움'의 문제를 깊이 다룹니다. 김수영 목사는 자신이 두려움이라는 숙제 앞에 과감히 정면을 응시하고, 하나님의 음성을 들으며 그 손길을 구체적으로 만나는 삶을 살고 있습니다. 말씀을 사랑하는 성경학자로, 두려움 가득한 인생을 사는 성도들의 목자로, 또 항암 치료를 받는 환자이면서도 두려움에 맞서 하나님께서 주시는 놀라운 평강과 축복을 말씀을 통해 만나고 있습니다. 그는 그저 가벼운 위로가 아닌 전능하신 하나님의 위로를 받고, 나의 죄를 대속(代贖)해서 죽으신 주님과의 동행을 삶 전체로 누리며 강단에서 설교하고 있습니다. 그는 매 설교마다 진리는 어느 상황에서든지 불변한다는 것을 전하고 있습니다.

그는 두려움의 해결자 되시는 주님의 모습을 통해 우리에게 이런 고백을 하게 합니다.

> 내가 사망의 음침한 골짜기로 다닐지라도 해(害)를 두려워하지 않을 것은 주께서 나와 함께하심이라 주의 지팡이와 막대기가 나를 안위하시나이다 시 23:4

'임마누엘', 그분은 우리가 느끼는 삶의 두려움 속에 가장 가까이 계시는 하나님이십니다.

이스라엘 백성 앞에 홍해가 없었다면 하나님의 능력은 드러날 수 없었고, 느부갓네살의 풀무불이 없었다면 사드락과 메삭과 아벳느고의 이런 멋진 고백은 없었을 것입니다.

우리가 섬기는 하나님이 계시다면 우리를 맹렬히 타는 풀무불 가운데에서 능히 건져내시겠고 왕의 손에서도 건져내시리이다 단 3:17

두려움의 깊은 터널을 굽이굽이 걸어가야 하는 것이 우리의 인생길입니다. 그러나 그 터널이야말로 하나님의 광명(光明)의 얼굴을 온전히 마주하는 지름길이 된다는 신앙의 진미(眞味)를 이 책을 통해 만나십시오.

김수영 목사의 귀한 메시지가 이 어려운 시기에 우리에게 큰 위로가 될 줄 믿습니다.

홍정길 남서울은혜교회 담임목사

두려움은 우리를 한 차원 높은 곳으로 들어가게 하는 문과 같다.
두려움이 지나쳐 그 두려움의 끝에서
모든 것을 놓아버리고 주님의 동행을 구할 때
우리는 다른 세계로 들어간다.

프롤로그

폭풍 가운데 나의 영혼
잠잠하게 주 보리라

주 품에 품으소서

능력의 팔로 덮으소서

거친 파도 날 향해 와도

주와 함께 날아오르리

폭풍 가운데 나의 영혼

잠잠하게 주 보리라

주님 안에 나 거하리

주 능력 나 잠잠히 믿네

거친 파도 날 향해 와도

주와 함께 날아오르리

폭풍 가운데 나의 영혼

잠잠하게 주 보리라

우리에게 익숙한 〈주 품에Still〉라는 찬양입니다. 제 짐작으로는 시편에 나오는 이미지들을 상상하며 이 찬양을 만들지 않았을까 생각합니다.

바람 날개를 타고 높이 솟아오르셨도다 시 18:10

내 영혼이 주께로 피하되 주의 날개 그늘 아래에서 이 재앙들이 지나기까지 피하리이다 시 57:1

한국어로 번안된 '주 품에' 라는 우리말 가사가 시적(詩的)으로 매우 훌륭하지만, 원곡을 제가 다시 번역해보았습니다. 원래 영문 가사가 제가 말하고자 하는 바를 더 정확하게 담고 있다고 생각해서입니다.

Hide me now, under your wings

    당신의 날개 아래 지금 날 숨겨주세요.

Cover me, within your mighty hand

    날 당신의 강한 팔 아래 보호해주세요.

When the oceans rise and thunders roar

    바다가 거칠게 들썩거리고 천둥 번개가 으르렁거릴 때

I will soar with you above the storm

    그 폭풍 가운데서 나는 당신과 함께 솟구쳐 올라갈 것입니다.

Father you are king over the flood

    아버지, 당신은 요동치는 범람 위의 왕이십니다.

I will be still and know you are God

    나는 잠잠히 당신만 바라보며 당신이 하나님이심을 알아가겠습니다.

Find rest my soul in Christ alone

오직 그리스도 안에서 내 영혼이 쉼을 얻을 것입니다.

Know his power, in quietness and trust

평온함과 신뢰 가운데 거하며 당신의 능력을 알아가겠습니다.

두려움이 폭풍처럼 몰아칠 때

이 찬양과 유사한 이미지 하나가 떠오릅니다. 영화 〈슈퍼맨〉에서 사랑하는 여인이 죽을 위험에 처하자 슈퍼맨이 여인의 몸을 급히 감싸고 보호합니다. 대개 다음 순간 폭발이 일어납니다. 관객들이 긴장한 순간, 화면을 가득 채운 엄청난 폭발 속에서 슈퍼맨이 여인을 품에 안고 치솟아 오릅니다. 이때 근사한 음악이 깔립니다. 관객들은 환호성을 지릅니다. 이와 유사한 장면들이 슈퍼 영웅이 나오는 영화 곳곳에 나옵니다.

진부한 이미지입니까? 아닙니다. 이미지가 진부했다면 영화를 연출한 감독의 능력 부족 때문입니다. 치명적인 위험에 빠져 있는 연인을 구하는 영웅의 이야기는 언제 보아도 지루하지 않습니다. 우리 모두가 갈망하는 모습이기 때문입니다.

두려움이 폭풍처럼 몰아쳐 저를 사로잡고 낚아채려 할 때가 있었습니다. 어찌할 바 모를 때 이 찬양이 제 가슴을 적시며 위로해주었습니다. 책 제목도 여기에서 나왔습니다.

두려움과 폭풍은 비슷합니다. 아무 예고 없이, 느닷없이 올 수 있습니다. 내 능력 이상의 에너지가 있어 그 기운에 한번 휩싸이면 혼을 빼놓듯 사람의 정신을 빼앗아갑니다. 그리고 그 에너지가 매우 파괴적일 수 있다는 점에서 두려움과 폭풍은 비슷합니다. 어떤 것들은 힘들어도 견딜 만하지만 또 어떤 것들은 도저히 감당할 수 없을 정도로 너무 강력해서 극심한 공포를 느끼기도 합니다.

제가 그랬습니다. 두려웠습니다. 그래서 하나님 앞에 무릎을 꿇었습니다. 그때 조용히 이 찬양을 들려주셨습니다. 폭풍우가 몰아칠 때 강한 하나님께서 비바람을 뚫고 저를 품에 안고 올라가겠다고 하셨습니다. 그러자 제게 평화가 찾아왔습니다. 그리고 그 약속대로 저를 품 안에 넣고 지나오셨습니다.

아직 폭풍우는 멈추지 않았지만 이제 저는 평안합니다. 저는 잠잠히 그분만 바라보았는데, 제 연약함과 미련함은 변하지 않았는데, 저는 강해지고 성숙해졌습니다.

두려울 때 하나님께 돌아오라

2차 세계대전이 일어나기 몇 년 전, 그러니까 히틀러가 아직 유명세를 타기 전에 독일의 정신과 의사들은 독일 환자들의 공통된 모습을 기록해놓았습니다. 그들은 공통적으로 심각한 정신 질환을 가지고 있었는데, 그 기저(基底)에 절망과 공포가 있었습니다. 대다수 독일인들이 1차 세계대전에서 패한 후에 마음 깊이 공포심이 있었습니다. 그 깊은 공포는 조용히 숨죽이고 있다가 '히틀러'라는 괴물로, '유태인 학살'이라는 괴물로 나타났습니다.

공포심이 이렇게 무섭습니다. "공포스럽다, 겁난다, 무섭다, 두렵다"는 모두 같은 말입니다. 정도의 차이를 나타낼 뿐 무서울 때 쓰는 말들입니다.

하나님께서는 성경을 통해 두려워하지 말라는 말씀을 수도 없이 하시는데, 우리는 날마다 두려워하며 살아갑니다. 사람이 두렵고, 돈이 두렵고, 미래가 두렵고, 집값이 두렵고, 범죄가 두렵습니다. 두려움의 종류나 모양은 수없이 많습니다.

그러면 두려움은 정말 해로운 것일까요? 그럴 수도 있지만 그렇지 않을 수도 있다는 것을 알았습니다. 하나님이 두려워하지 말라고 말씀하셔도 두려움이 명약(名藥)이 되는 경우를 보았습니다. 두려움은 우리가 어찌할 수 없는 것이지만, 그것이 독이 되느냐 약이 되느냐는 우리가 어찌할 수 있습니다. 이것이 중요합니다.

〈콘스탄틴〉이라는 영화에 나오는 가브리엘 천사는 인간에 대한 하나님의 사랑에 불만을 품었습니다. 인간은 사악하고 약하고 미련한데, 하나님 앞에 용서만 구하면 모든 것을 해결해주는 것이 못마땅했습니다.

인간 세상을 유심히 관찰하던 가브리엘이 말합니다.

"인간은 공포에 질릴 때 가장 고결해지지."

그런 것 같습니다. 인간은 가장 절망적인 상황에서 두려워해봐야 인생 앞에 진지해지는 것 같습니다.

하나님이 우리에게 두려워하지 말라고 그렇게 말씀하시면서도 인간에게 두려운 상황을 허락하시는 것은 때로는 그렇게 해야만 우리가 하나님 앞으로 돌아오기 때문인 것 같습니다.

김수영

추천의 글

프롤로그

chapter 01 **두려울 때 '동행의 약속'이 있다**
두려움을 이기는 유일한 길은 주님과의 동행뿐이다 —— 18

chapter 02 **'선택'이 두려울 때**
믿음은 두려운 선택 앞에서 도전을 받아들이는 것이다 —— 36

chapter 03 **'나의 약함'이 두려울 때**
나의 약함은 나의 약함을 보는 기회이다 —— 60

chapter 04 **'사람'이 두려울 때**
사람이 아니라 하나님을 두려워해야 한다 —— 82

chapter 05 **'나의 내일'이 두려울 때**
미래를 쥐고 계신 분을 붙들면 내일이 두렵지 않다 —— 100

| 차례 |

chapter 06 **'나의 환경'**이 두려울 때
흔들리는 세상에서 나를 세우시는 분을 의지하라 —— 122

chapter 07 **'나의 대적'**이 두려울 때
하나님의 약속을 믿고 대적을 두려워하지 말라 —— 138

chapter 08 **'고난'**이 두려울 때
고난은 더 큰 기적을 경험하는 통로이다 —— 158

chapter 09 **'죄의 결과'**가 두려울 때
나의 죄를 직면하면 주님이 해결해주신다 —— 178

chapter 10 **'죽음'**이 두려울 때
생명과 죽음의 문제는 하나님의 계획 안에 있다 —— 198

에필로그

1 그날에 네가 말하기를 여호와여 주께서 전에는 내게 노하셨사오나 이제는 주의 진노가 돌아섰고 또 주께서 나를 안위하시오니 내가 주께 감사하겠나이다 할 것이니라

2 보라 하나님은 나의 구원이시라 내가 신뢰하고 두려움이 없으리니 주 여호와는 나의 힘이시며 나의 노래시며 나의 구원이심이라

3 그러므로 너희가 기쁨으로 구원의 우물들에서 물을 길으리로다

4 그날에 너희가 또 말하기를 여호와께 감사하라 그의 이름을 부르며 그의 행하심을 만국 중에 선포하며 그의 이름이 높다 하라

5 여호와를 찬송할 것은 극히 아름다운 일을 하셨음이니 이를 온 땅에 알게 할지어다

6 시온의 주민아 소리 높여 부르라 이스라엘의 거룩하신 이가 너희 중에서 크심이니라 할 것이니라

이사야서 12장 1-6절

| 사 12:1-6 |

chapter 01 두려울 때 '동행의 약속'이 있다

두려움을 이기는 유일한 길은 주님과의 동행뿐이다

알 수 없는 인생

종잡을 수 없는 것이 인생입니다. 즐거운 일과 슬픈 일이 마치 날실과 씨실이 교차하여 짜여지듯 일어납니다. 목회자인 제 경우에는 오전에 장례식에 참석하고 오후에는 돌잔치에 가야 할 때도 있습니다. 그러면 그 사이를 오가는 차 안에서 재빨리 모드를 바꿔야 합니다. '슬픔 모드'에서 '기쁨 모드'로 바꾸는 것입니다. 그래도 이것은 낫습니다. 기쁨 모드에서 슬픔 모드로 바꾸는 것은 더 어렵습니다.

이렇게 인생의 다양한 모습을 늘 접하다 보니, 인생이란 종잡을 수 없다는 사실을 거듭 확인합니다. 정도의 차이일 뿐이지, 여러분도 그러하리라 생각합니다. 내일 무슨 일이 일어날지 아무도 모릅니다.

그래서인지 지혜의 왕 솔로몬도 "형통한 날에는 기뻐하고 곤고한 날에는 되돌아보아라"(전 7:14)라고 권고합니다. 사람은 자신의 미래를 알지 못하기 때문입니다. 그저 그날을 받아들이라는 말입니다.

예를 하나 들어볼까요? 말을 잘 듣던 아이가 어느 날 갑자기 말을 듣지 않습니다. 그렇게 착하던 아이는 어디 가고 반항하고 대드는 자식만 남았습니까? 전에는 그렇지 않았는데, 갑자기 사람이 바뀌었습니다. 자녀가 십대가 되면서 내 맘대로 할 수 없다는 것을 느낍니다. 이때부터 부모는 새벽기도에 나와 울며 기도하기 시작합니다. 십대 자녀를 키우는 부모들이 '어쩌면 저렇게 입을 맞춘 듯 똑같은 말을 하나?' 싶을 정도로 하시는 말씀이 있습니다.

"이제 제가 인간이 되어가는 것 같아요. 이 아이가 아니었다면 제가 어떻게 하나님의 마음을 알았을까요?"

이때 모든 것이 내 마음대로 되지 않는 것 같아 안절부절못합니다. 사람은 자기가 통제할 수 없는 일을 만나는 것을 두려워합니다. 그리고 통제 안에서 일을 잘하는 동안에는 외부의 도움을 받으려 하지 않습니다. 노력해서 자신의 성(城)을 잘 쌓은 사람일수록 이런 경향이 강합니다만, 누구에게나 이런 모습이 있게 마련입니다. 단지 자기가 쌓은 성이 작은가 큰가 하는 정도의 차이일 뿐입니다.

자신이 통제할 수 없는 일이 일어나면 불안해집니다. 두려워합니다. 매우 답답해합니다. 이럴 때 어떻게 하시겠습니까? 행여 이런 두려운 일들이 계속 반복해서 일어난다면 어떻게 반응하시겠습니까?

두려움을 느끼는 존재

저는 지금 《폭풍 속의 동행 ; 두려울 때》라는 제목으로 글을 쓰려고 합니다. 제가 목회하는 나눔교회에서 설교한 내용이기도 합니다. 개인적으로 두려운 일을 겪고 나서, 성경이 두려움에 대해 어떻게 말하는지가 궁금했습니다. 그래서 '두려'라는 글자를 넣고 관주 검색을 했다가 깜짝 놀랐습니다. 성경이 두려움에 대해 그렇게 많이 언급하고 있다는 사실을 처음 알았습니다. 그중 우리가 일반적으로 느끼는 두려움들과 어느 정도 맥락을 맞출 수 있는 구절들만 프린트해서 보니 한 묶음이나 되었습니다.

사실 그 성구들만 읽어도 이 책을 읽는 것보다 더한 은혜를 받을 수 있습니다. 심지어 이 책을 읽지 않아도 무방합니다. 저는 두려움에 관한 말씀이 많은 것만큼 인간이 두려움을 많이 느끼는 존재라는 것도 알았습니다. '아, 그래서 하나님이 두려워하지 말라는 말씀을 그렇게 많이 하셨구나' 하고 처음 알았습니다. 하나님은 우리의 연약함을 아셨던 것입니다.

하나님은 매일 우리에게 두려워하지 말라고 하시고, 우리는 매일 두려워합니다. 어릴 적부터 우리가 남을 비난할 때 잘 쓰는 말이 있습니다. '겁쟁이', 특히 남자들에게는 치명적인 말입니다. 이런 말을 듣느니 차라리 죽는 것이 나을 것 같습니다. 하지만 뒤집어 생각해보면 우리 속에 겁쟁이가 있기 때문에 이 말이 그렇게 치욕스럽게 느껴지지 않았을까 생각해봅니다. 원래 사람은 자기 속에 있는 연약한 모습과 마주하기를 두려워하는 법입니다.

엄마는 아이가 무서워하면 이렇게 말합니다.

"무서워하지 마, 아무것도 아니야."

아이는 조용히 엄마의 품을 파고듭니다. 그러면서 안심합니다.

"엄마랑 같이 있을래."

아이가 무서워하는 상황을 엄마가 바꿨을 수도 있고 아닐 수도 있습니다. 어쨌든 아이는 더 이상 무서워하지 않습니다. 엄마가 함께 있으면서 나를 보호해줄 것을 확신하기 때문입니다.

이제 성경에 반복해서 나오는 "두려워하지 말라"라는 명령과 함께 어떤 사건과 인물들이 등장하는지 살펴볼 것입니다.

제가 간암 진단을 받고 신촌세브란스병원에 입원해 있을 때 보았던 말씀이 있습니다. 이사야서 12장 1-6절 말씀입니다. 특히 병원 현관에 걸려 있는 큰 현수막에 2절 말씀이 쓰여 있었습니다.

> 보라 하나님은 나의 구원이시라 내가 신뢰하고 두려움이 없으니 주 여호와는 나의 힘이시며 나의 노래시며 나의 구원이심이라 사 12:2

절박하고 힘들었던 밤을 보내고 이른 새벽, 따스한 햇살이 거대한 병원 로비의 창문에 비칠 즈음이었습니다. 저는 무심코 지나가다가 이 말씀 앞에서 발길을 멈췄습니다. 그러다 코끝이 찡해져 멈춰 서서 울고 말았습니다.

두려움 너머에 계신 하나님

이 구절이 두려움에 대해 무엇을 말씀하고 있는지 살펴보겠습니다. 두려움의 바닥에서는 나의 통제가 풀리기 시작합니다. 이 말씀이 선포되던 때에 이스라엘 백성들은 자신들이 통제할 수 없는 깊은 수렁을 경험했습니다. 본문에는 '주의 진노'(사 12:1)라고 표현되어 있습니다.

사람들은 자기 마음대로 살았습니다. 모든 것을 자기들 손 안에 두었습니다. 미래의 안전을 위해 돈과 먹을 것을 열심히 쌓아두었습니다. 주변에 가난한 이웃들이 굶어 죽어도 눈 하나 깜짝하지 않았습니다. 가족의 안전이 우선이었습니다. 돈을 빌려주면 철저하게 이자를 받았습니다. 그리고 돈을 갚지 못하는 사람들은 가차 없이 응징했습니다. 모두 다 하나님의 법에 어긋난 행동이었습니다. 사랑도 없고, 자비도 없었습니다. 모든 일이 나와 가족이 잘되는 것을 중심으로 움직였습니다. 땅이 안전을 보장해준다고 생각해서 땅을 많이 확보해놓았습니다. 지식도 쌓았습니다. 실세들과 교류를 많이 해서 '인맥'이라는 안전망도 구축해놓았습니다.

이 사람들은 하나님을 신경 쓰지 않았습니다. 대신 자기가 통제할 수 있는 환경을 만들었습니다. 남에게 베풀기보다는 자신이 움켜쥐고 있었습니다. 그래야 내가 미래를 통제할 수 있기 때문입니다. 돈 없는 미래는 불안했습니다. 땅 없는 미래는 두려웠습니다. 그러니 하나님 보시기에 어떠했겠습니까? 여러분이 하나님이라면 어떻게 하시겠습니까?

하나님은 참다 참다 결국 이렇게 말씀하셨습니다.
"이들이 다 잃어서야 돌아오겠구나!"

그래서 하나님은 그들이 그렇게 애지중지하던 돈을 다 날려버리셨습니다. 바벨론 사람들이 와서 벽장 속에 숨겨놓았던 금과 은과 모든 귀중한 것들을 다 가져가게 하셨습니다. 그날에는 돈으로도 생명을 구할 수 없었습니다. 땅은 다 빼앗겨 바벨론 사람들이 임의대로 하게 두셨습니다. 그렇게 사랑하던 자녀들이 거리에서 피를 흘리며 죽어갔습니다. 전쟁 중에 자기 목숨을 부지하느라 정신없는 가운데서는 쌓아놓았던 인맥도 아무 소용이 없었습니다. 그중에 몇몇은 포로로 끌려갔습니다. 그들이 그렇게 안전하다고 생각했던 것들이 한순간에 다 날아갔습니다.

다 잃고 포로로 끌려 바벨론 땅으로 갔습니다. 이스라엘 사람들은 그곳에서 후회하기 시작했습니다. 통곡했습니다. 하루아침에 알거지가 된 자신들의 처지가 너무 처량했습니다. 회개하기 시작했습니다. 혹시 빨리 회복시켜주실까 해서 열심히 기도도 해보았습니다. 또다시 기도조차 자기들의 통제 아래 두려 한 것입니다. 응답조차도 자기들의 통제 아래 두려 한 것입니다. 아직까지도 그들의 본능적인 힘이 남아 있었습니다.

두려웠지만 바닥을 친 두려움이 아니었습니다. 한탄과 절규를 하고 있었지만 여전히 옛 습관대로 하려 했습니다. 안에서 새는 바가지 밖에서도 샌다는 속담이 그들에게 적용되었습니다. 하나님은 그런 그들의 힘을 다 빼기로 작정하셨습니다. 완전히 축 늘어질 때까지 힘을 빼셨습니다. 무려 70년 동안이나 그들의 한탄스런 기도를 듣고만 계셨습니다. 잡혀온 1세대 중에 죽는 사람들이 나오기 시작하자, 드디어 포기하는 사람들이 속출합니다. 그들의 힘이 점점 빠져나갔습니다.

하나님을 찾던 사람들은 두려움의 밑바닥에서 하나님의 약속을 기억하기 시작했습니다. 진노를 거두시고 회복시켜주실 날을 기다렸습니다. 자기 통제 아래 두려고 했던 것을 포기했습니다. 모든 것을 하나님의 통제와 하나님의 계획 아래 두었습니다. 하나님의 손길 아래서 인생을 보기 시작했습니다. 통제할 수 없는 일이 나를 두려움의 바닥으로 인도해 두려움 너머를 보게 합니다.

통제할 수 없는 일을 만났을 때

여러분의 인생에서 통제할 수 없는 일은 무엇입니까? 남편과의 문제입니까? 어떻게든 변화시켜보려 노력했지만, 어디 내 맘대로 되던가요? 아내와 아이들을 내팽개쳐놓고 혼자 놀다 들어올 때는 얼마나 얄밉던가요? 남편도 내 마음대로 통제되지 않습니다.

아니면 아내와의 문제입니까? 그토록 고분고분하던 여인은 어디론가 사라지고 계속 요구만 해대는 드센 아줌마만 남았습니다. "어디 잔소리 안 듣고 살 수 있는 곳은 없나?"라는 푸념이 나옵니까? 아내는 더 이상 내 통제권 안에 있지 않습니다. 하루하루가 이런 일들에 둘러싸여 있습니다.

내 마음대로, 내 통제대로 인생이 흘러가지 않는다는 것을 삶에서 확인합니다. 어느 때는 건강을 잃어버립니다. 그러면 더 확실하게 통제를 잃습니다. 병원에 입원이라도 해보십시오. 아무리 예쁜 얼굴이라도 수술을 받은 다음에는 어떻게 됩니까? 민낯 그대로 있어야 합니다. 찌든 얼굴 그대로 있어야 합니다. 이미지의 절반은 머리스타일에서 결정된다고 하는데 입원 중에는 머리를 다듬지 못합니다. 부스스한 그대로 지내야 합니다. 무릎이 튀어나온 환자복을 입고 어기적어기적 걸어 다녀야 합니다. 오직 빨리 퇴원하는 것이 소원이 될 것입니다.

내 마음대로 되지 않을 때입니다. 이때 여러분은 누구를 만나겠습니까? 우리를 두렵게 하는 문제에 직면할 때, 우리는 우리를 그 문제에서 건져주고 문제를 해결해줄 대상을 간절히 원합니다. 하지만 일반적으로 이런 구원의 대상을 현실에서 찾기란 쉽지 않습니다. 쉬웠다면 두렵지도 않았을 것입니다.

두려워하는 사람에게는 구원해줄 누군가가 필요합니다. 주님은 우리 영혼의 구원자이시지만, 그것이 구원의 전부는 아닙니다. 영혼이 구원 되는 그 찰나의 순간 이후, 우리는 이 땅에서 긴 세월 동안 지루하게 반복되는 일상에서 우리를 두렵게 하는 수많은 사건들을 경험하며 살게 됩니다. 그런데 주님은 이 많은 두려움 속에서 우리를 구원하시겠다고 하신 것입니다. 쉽게 말해, 주님은 우리에게 '일상의 구원자'가 되어주시겠다고 하셨습니다.

더 큰 두려움

이제 제 이야기를 하려고 합니다. 전부터 '두려움'이라는 주제로 설교를 하려고 준비를 했습니다. 2007년 가을, 햇살이 기분 좋게 내리쬐던 날이었습니다. 그해 여름 7월에는 아내가 편도선 제거 수술을 했고, 8월에는 제가 치질 수술을 하고 난 뒤였습니다(제가 어정쩡하게 걸어다니던 것을 교회 성도들은 기억할 것입니다. 생각보다 많은 분들이 아픔을 공감해 주었습니다). 이런저런 수술을 겪고 나서 아주 살짝 두려움을 느끼기 시작했습니다. 사실 지금 생각해보면 전주곡(前奏曲)과 같았습니다. 신기하게도 하나님께서 이때 제게 이런 주제로 설교를 하라고 등을 떠미신 것만 같습니다.

아무튼 치질 수술을 맡았던 의사가 뭔가 이상한 낌새를 눈치챘는지 정밀 검사를 한번 받아보라고 충고를 해주었습니다. 그래서 그해 10월에 초음파검사와 피검사를 했습니다. 처음 본 레지던트는 검사 결과지를 보며 괜찮다고 했습니다. 저는 다음 단계의 전문의와의 진료를 예약하고 기분 좋게 병원을 나왔습니다. 일주일 후 병원에 다시 가서 전문의를 만나니 그 분이 정색을 하고 말합니다.

"혈액 수치 중에 하나가 이상하니 CT촬영을 바로 해봅시다!"

저는 그때까지도 사태의 심각성을 몰랐습니다. 잠시 후에 CT촬영 결과가 나와 의사를 다시 만났습니다.

"간암입니다. 크기가 3센티미터 정도 되는 것 같습니다."

그 의사는 컴퓨터 화면을 보며 어디에 얼마만 한 암이 있는지를 설명해주었습니다. 그 순간에는 암 자체가 그렇게 두렵지 않았습니다.

어쩌면 엄청난 파도가 저 멀리서 오는 모습을 바라보는 상황과 같았을지도 모릅니다. 병원을 나와 제 인생의 마지막일지 모르는 햄버거도 편하게 먹었습니다. 그런데 식구들을 생각하니 두려움이 엄습했습니다.

일은 급히 돌아가 바로 며칠 후 색전술(동맥을 뚫어 혈관 안으로 관을 집어넣고 간까지 화학약품을 보내 암을 괴사시키는 시술)을 받았습니다. 실제 암의 크기는 3센티미터가 아니라 4.5센티미터였습니다. 또 그 아래에 1센티미터 정도의 작은 암이 하나 더 달려 있었습니다. 의사는 이 정도 크기에서는 색전술이 잘되지 않을 수도 있다고 설명해주었습니다. 그러고 나서 색전술을 7번 혹은 10번도 받은 사람이 있다면서 저를 안심시켜주려고 했습니다. 그런데 이 말이 제게는 이렇게 들렸습니다.

"당신도 색전술을 여러 번 받을 수 있습니다. 그러니 준비하고 계십시오!"

큰 수술이든 작은 수술이든 수술은 자주 받을 게 못 됩니다. 고통스럽습니다. 어쩔 수 없으면 받아야겠지만, 일단 피하고 싶은 것이 인지상정입니다. 3년이 지난 지금 세 번의 색전술을 받았지만, 건강하게 잘 지내고 있습니다. 결과로만 암의 활동 여부를 아는 것이지, 별다른 증상은 없습니다. 그래서 병으로 인한 직접적 고통은 당한 적이 없습니다. 또한 아내가 검사해보니 제게 간을 이식해줄 수 있다는 것을 알게 되었습니다. 간 큰 마누라에, 마누라 간 빼 먹는 목사가 될 날이 혹

올지도 모르겠습니다.

제가 왜 이 이야기를 합니까? 작은 두려움을 경험하고 나서 두려움에 대해 설교하려고 했더니 하나님은 더 큰 두려움을 경험하게 하셨습니다. 적당히 표면적인 두려움으로는 저의 단단한 껍질을 깰 수 없으셨던 모양입니다.

엎드려 하나님을 보다

다음 해 1월이 되자, 중학생 아들이 급성 맹장염으로 인한 복막염으로 병원에 입원했습니다. 생명이 위급했습니다. 절개해야 할 부위 또한 넓었습니다. 제 문제로 끝날 줄 알았는데 제 아이까지 고통을 경험하게 하셨습니다. 그런데 제가 해줄 수 있는 일이 정말 없었습니다. 제가 할 수 있는 일이라고는 병원 수술실로 들어가는 아이의 머리 위에 손을 얹고 기도해주는 것뿐이었습니다. 부모가 이렇게 무기력하다는 것을 뼈저리게 느꼈습니다. 수술실에 들어갈 때 고통스러워하는 아들의 모습을 보자니 마음이 짠해졌습니다. 수술은 항상 사람의 마음을 두렵게 합니다. 아무리 인간의 기술이 뛰어나도 무슨 일을 당할지 알 수 없기 때문입니다. 자식 때문에 또 다른 두려움을 경험했습니다.

거기에다 아들이 퇴원한 1월 중순에는 제 얼굴에 갑자기 구안괘사(口眼喎斜, 얼굴 신경 마비 증상으로 입과 눈이 한쪽으로 틀어지는 병)까지 왔습니다. 이제 한숨 좀 돌리고 소나무 숲에 좋은 공기를 쐬러 간다고 나선 것이 화근이었습니다. 영하 10도 이하로 떨어진 그해 가장 추운 날에

햇볕을 쬐러 산보를 나간 것입니다. 그렇습니다. 지금 여러분은 제 넋두리를 듣고 있는 셈입니다. 그러나 양해하고 계속 들어보십시오.

구안괘사가 오자, 제 마음은 완전히 녹아내렸습니다.

"하나님, 도대체 어디까지 저를 끌어내리시려는 겁니까? 얼굴까지 비뚤어졌는데 아직도 바닥이 아닙니까?"

하나님에 대한 깊은 원망이 올라왔습니다.

목사가 얼굴이 비뚤어지고, 입에서는 침이 계속 흐르고, 안구(眼球)는 메말라 쓰려오고…. 정말 볼만 했을 것 같지 않습니까? 병원에 입원해 있는 동안 계속 한숨만 나왔습니다. 모든 고난이 한꺼번에 저를 찾아온 것 같았습니다. 드디어 파도를 제대로 맞은 것입니다.

당시 저희 교인들은 목사의 심방을 받기보다는 목사 가정을 번갈아가며 심방하느라 바빴습니다. 사모에서 목사로, 목사에서 목사 아들로, 목사 아들에서 다시 목사를 위해 교인들이 번갈아가며 저희 가정을 심방했습니다. 보험사 직원들이 저희 가족을 가족 보험사기단으로 의심하지 않았을까 싶습니다. 물론 저보다 더 큰 고난을 경험했든지 아니면 지금 고난 중에 있는 분들이 있을 것입니다. 그러나 적어도 제게는 두려운 일들이 연달아 일어났습니다. 그리고 저를 바닥으로 끌고 갔습니다. 저는 그 바닥에 엎드려 두려움 너머에 있는 누군가를 계속해서 바라보려고 했습니다.

그때 땅에 엎드렸습니다. 그런데 갑자기 하늘이 보이기 시작했습니다. 이상하지 않습니까? 눈을 들어야 하늘이 보이는 법인데, 얼굴을 땅에 대어야 하늘이 보이다니요!

그러나 그것이 하나님께서 제게 요구하시는 것이었습니다.

주께서 전에는 내게 노하셨사오나 이제는 주의 진노가 돌아섰고 사 12:1

이 구절이 절절이 다가왔습니다. '전에는'과 '이제는'이 대조되어 있습니다. '전'이 없으면, '이제'도 없습니다. 과거의 고난이 없다면, 현재의 기쁨도 없습니다. 두려운 때가 있으면 생기를 회복하는 때가 있습니다. 기억하십시오. 하나님께서 그분의 진노, 즉 두려운 고난을 거두실 때가 있습니다.

그것은 하나님의 통제 아래 있습니다. 내가 통제하려고 하면, 문제는 끝이 없습니다. 다른 모양으로 계속해서 나타나 나를 괴롭힙니다. 내 힘으로 통제하려고 하지 마십시오. 아무 소용이 없습니다. 두려울 때 하나님을 보십시오. 엎드려서 하나님을 보려고 하십시오. 하나님을 보고, 찾고, 부르짖고, 그분이 눈에 들어오면 그때가 고난의 끝이 될 것입니다.

나의 힘이요 노래요 구원이신 하나님

우리는 바다에서 하나님의 임재를 경험합니다. 이스라엘 백성은 깊은 수렁을 통과하면서 하나님의 은혜로운 임재를 경험했습니다. '그날에' 이스라엘은 하나님의 은혜로운 임재를 경험했습니다. 바벨론 포로였던 그들에게 '그날'은 가까운 미래의 회복을 의미했습니다. 궁극적으로는 메시아가 오셔서 이룩하실 메시아의 나라 안에서 있을 회복을 의미합니다. 그러나 그날은 우리 모두에게 열려 있습니다. 완전하지는 않아도 우리는 불완전한 세상에서 주님을 경험할 수 있습니다.

핵심이 무엇입니까? 하나님께서 바로 우리 곁에 오셨다는 것입니다. 하나님께서는 그들에게 찾아오셔서 위로해주셨습니다.

"얘야, 괜찮다. 내가 곁에 있다. 이제 너의 고난이 끝났다. 어려웠지? 힘들었지? 내가 너를 버린 것이 아니다. 네가 붙잡고 있는 것을 다 놓을 때까지 내가 기다릴 수밖에 없었다. 그렇지 않으면, 너는 계속 너 자신을 의지하고 살려고 했을 것이다. 계속되는 두려움이 없었다면 네가 나를 찾으려고 했겠니? 나를 볼 수 있었겠니?"

어디서 많이 들어본 말 같지 않습니까? 그렇습니다. 이것은 마치 엄마가 무서워하는 아이를 품에 안고 등을 토닥거리며 하는 말과 같습니다.

"얘야, 엄마야. 무서워하지 마. 아무것도 아니야. 엄마가 이렇게 같이 있을게. 자, 이거 내려놓고 엄마 품에 안겨 있어!"

아이는 엄마의 품 안에서 안심합니다. 엄청나게 두려운 상황에서도 아이는 안심합니다.

두려움을 경험해봐야 하나님의 임재를 경험합니다. 강한 두려움을 경험할수록 강한 임재를, 강한 동행을 경험합니다. 철저하게 어렵고 철저하게 두려울수록, 철저하게 하나님의 동행을 바라게 됩니다.

하나님이 함께하심으로 인해 새로운 노래가 나옵니다.

"여호와는 나의 힘이십니다. 여호와는 나의 노래이십니다. 여호와는 나의 구원이십니다."

똑같은 내용이 출애굽기 15장 2절에도 나옵니다. 애굽의 군대가 홍해에서 전멸한 후에, 선지자 미리암이 성령충만함으로 노래합니다.

여호와는 나의 힘이요 노래시며 나의 구원이시로다

이스라엘에게 있어, 두려운 애굽 앞에서 여호와만이 힘이요, 노래요, 구원이십니다. 두려운 바벨론 앞에서 여호와만이 나의 힘이요, 노래요, 구원이십니다. 주님이 나와 함께하시면, 어떤 두려운 일이 일어나도 더 이상 두렵지 않습니다. 오히려 그 속에서 하나님의 구원을 경험합니다. 내 손이 아닌 하나님의 손으로 이루신 구원을 경험합니다. 우리는 두려움의 바닥에서 하나님과의 동행을 믿고 일어나 걷습니다.

예수님이 제 곁에 오셔서 말씀하십니다.

"이제 나에게 맡기며 살겠니? 내가 늘 함께하겠다. 너의 목회를 내가 돕겠다."

두려울 때마다 예수님의 약속을 생각합니다. 깊은 두려움을 통과하면서 오히려 두려움 너머에 계시는 주님을 보았습니다. 오히려 가까이 오셔서 제 곁에 함께하시는 주님을 만났습니다. 주님과의 동행만이 해답입니다. 우리는 주님이 함께하셔야 살 수 있습니다.

첫째, 주님과의 동행은 나의 힘이 됩니다. 일어설 수 있는 능력입니다. 부동산의 힘이 아닙니다. 돈의 힘이 아닙니다. 건강의 힘이 아닙니다. 재능의 힘이 아닙니다. 주님이 나의 능력입니다.

둘째, 주님이 나의 노래입니다. 내 삶의 즐거움이라는 말입니다. 기쁨이라는 뜻입니다. 흥얼거리는 노래요, 감격의 노래요, 눈물의 노래입니다. 주님과의 동행의 약속은 제게 노래할 수 있게 합니다. 전에는 기가 죽어 숨죽이며 살았습니다. 그러나 이제는 마음껏 노래하며 걷습니다. 누구도 나를 두렵게 할 수 없기 때문입니다.

셋째, 주님은 나의 구원입니다. 과거에는 두려움의 노예로 살았습니다. 그러나 이제는 당당합니다. 구원받았기 때문입니다. 제가 언제 두려움에 얽매여 살았나 싶을 정도입니다.

주님은 제게 여러 두려움을 경험하게 하셨습니다. 이 설교를 설교답게 하라고 이런 경험을 주셨습니다. 저를 목사답게 만드시려고 두려움을 겪게 하셨습니다. 그리고 주님과의 동행을 갈망케 하고 경험하게 하셨습니다. 이제 제 삶에 주님의 동행만큼 더 큰 자산은 없습니다. 이제는 세상이 두렵지 않습니다. 애굽이 두렵지 않습니다. 앗수르가 두렵지 않습니다. 바벨론이 두렵지 않습니다. 나의 두려움 위에 주님이 계시기 때문입니다.

어떤 두려움이 여러분을 덮고 있습니까? 마음속에 숨겨진 두려움이 있습니까? 내 옆에서, 내 뒤에서, 내 앞에서 나와 함께하시는 예수님을 기억하십시오. 예수님은 여러분의 힘이요, 노래요, 구원이십니다. 그분의 동행만이 두려움을 이기게 합니다.

| 동행의 약속 ; 두려울 때 |
두려움을 경험해봐야 하나님의 임재를 경험합니다.
강한 두려움을 경험할수록 강한 임재를, 강한 동행을 경험합니다.

1 산발랏이 우리가 성을 건축한다 함을 듣고 크게 분노하여 유다 사람들을 비웃으며

2 자기 형제들과 사마리아 군대 앞에서 일러 말하되 이 미약한 유다 사람들이 하는 일이 무엇인가, 스스로 견고하게 하려는가, 제사를 드리려는가, 하루에 일을 마치려는가 불탄 돌을 흙무더기에서 다시 일으키려는가 하고

3 암몬 사람 도비야는 곁에 있다가 이르되 그들이 건축하는 돌 성벽은 여우가 올라가도 곧 무너지리라 하더라

4 우리 하나님이여 들으시옵소서 우리가 업신여김을 당하나이다 원하건대 그들이 욕하는 것을 자기들의 머리에 돌리사 노략거리가 되어 이방에 사로잡히게 하시고

5 주 앞에서 그들의 악을 덮어두지 마시며 그들의 죄를 도말하지 마옵소서 그들이 건축하는 자 앞에서 주를 노하시게 하였음이니이다 하고

6 이에 우리가 성을 건축하여 전부가 연결되고 높이가 절반에 이르렀으니 이는 백성이 마음 들여 일을 하였음이니라

느헤미야서 4장 1-6절

| 느 4:1-23 |

chapter 02 '선택'이 두려울 때

믿음은 두려운 선택 앞에서 도전을 받아들이는 것이다

어려운 선택의 문제

집안의 가장이, 회사의 사장이, 교회의 담임목사가, 나라의 대통령이 어려운 것은 그들의 선택으로 인해 집안과 회사와 교회와 나라의 미래와 운명이 뒤바뀔 수 있기 때문입니다. 그래서 선택은 힘들고 외롭고 두려운 작업입니다.

다가오는 미래가 불확실할 때, 선택은 어려운 문제가 될 수 있습니다. 더구나 보이지 않는 곳을 향해 나아갈 때는 더 곤혹스럽습니다. 사람들은 자신이 통제할 수 없는 상황을 두려워합니다. 내 마음대로 통제할 수 있는 선택은 두렵지 않습니다. 더군다나 내가 가려는 길이 다른 사람들이 가지 않는 길이라면 더욱 두렵습니다. 이미 누군가가 간

길은 그 방향과 방법대로 가면 그만입니다.

그러나 없던 길을 만들어가는 일에는 더 많은 위험이 따릅니다. 툭 튀어나온 언덕이나 푹 파인 웅덩이를 지나가야 하기도 합니다. 가시덤불이나 잔가지를 제거하며 가야 하기도 합니다. 언제 튀어나올지 모르는 갖가지 방해물들을 극복해야 합니다. 더군다나 홀로 가야 할 확률이 높습니다. 같이 가던 사람들이 슬그머니 빠져나갈 수도 있고 아니면 거칠게 비난하며 돌아설 확률도 있습니다. 어느 것 하나 쉽지 않습니다.

우리가 사는 인생도 이와 같습니다. 점점 미래가 불투명해집니다. 전보다 변화의 속도가 빨라지고 있습니다. 변화에 적응하면서 결정을 내리고 길을 선택하기가 점점 더 어려워집니다.

직장을 잘 다니던 사람이 마흔을 넘기기만 하면 자신의 진로를 걱정해야 합니다. 그때까지 몸담고 있던 곳을 곧 떠나야 할지도 모르기 때문입니다. 아직 건강한 50대 초반에 모든 것을 두고 퇴직해야 할지도 모르는데 두렵지 않겠습니까? 심지어 어떤 사람은 40대 초반에 직장을 나와야 하는 상황이 벌어지고 있습니다. 요즘 같은 세대에서는 취업이 하늘의 별 따기만큼이나 어렵습니다.

젊다고 해서 선택이 두렵지 않은 것은 아닙니다. 어떤 청년이 1년 동안 100군데 이상의 회사에 이력서를 보냈습니다. 그리고 나서 직장을 잡았습니다. 오랜 노력 끝에 들어간 직장이기 때문에 그는 열심히 다닐 것입니다. 그러나 그 회사에서 그가 어떤 역할을 맡고 어떤 과정을 겪을지는 아무도 알지 못합니다. 열심히 한다고 해서 모든 문제가 해결되지는 않습니다. 열심히 사는 것이 정답이 아닐 수도 있기 때문입니다. 어느 정도 시간이 지나면 회사 내에서 더 많은 책임을 맡게 될 것입니다. 자기가 내린 결정 때문에 회사가 이윤을 볼 수도 있고, 손해를 볼 수도 있는 상황이 벌어집니다. 책임이 커질수록 선택의 위험도 커집니다.

이것이 남자들만의 문제입니까? 직장 여성들은 직장에서 아직도 존재하는 다양한 차별을 이겨내야 합니다. 어떤 태도를 선택해야 성공할 수 있을지 고민해야 합니다. 모든 일에 공격적으로 경쟁만 할 수도 없고, 그렇다고 전통적인 여자처럼 다소곳하게만 있을 수도 없습니다. 이런저런 기로에서 선택해야 합니다. 남자가 상사로 있는 곳에서 성공한다는 것은 쉽지 않습니다. 그렇다고 여자가 상사로 있는 곳은 나을까요? 오히려 '여자의 적은 여자'라는 말도 있습니다.

가정에서는 어떻습니까? 엄마는 자녀를 어떻게 교육할지 선택해야 합니다. 경우에 따라서는 다른 곳으로 이사하는 것을 고려하기도 합니다. 가정의 형편과 남편의 직장 그리고 교육 환경을 고려해서 선택해야 합니다. 한번 선택한 곳에 당분간 머물게 될 것이고, 내 자녀의 미래가 달린 문제이기 때문에 신중하게 선택해야 합니다.

집을 옮기면서 교회를 선택하는 것도 쉽지 않습니다. 이 교회 저 교회를 쇼핑하듯 둘러봅니다. 또 자세히 분석해봅니다. 아이들 교육은 잘 시키는지, 분위기는 좋은지, 목사님 설교는 괜찮은지…. 많은 것을 고려하고 또 고려합니다. 그렇지만 막상 부부간의 선택은 다를 수 있습니다.

이 정도의 것들은 사실 머리를 복잡하게는 해도 두려움을 주는 선택은 아닙니다. 하지만 선택의 결과를 좀 더 신중하게 생각한다면 두려울 수도 있습니다. 선택은 어려운 일입니다. 결과가 뒤따르기 때문입니다. 그렇다고 선택하지 않고 살 수는 없습니다.

신앙인에게 선택은 더 어렵습니다. 세상이 선택한 것을 선택하지 못할 수도 있기 때문입니다. 가야 할 길이 있고, 가지 말아야 할 길이 있습니다. 남이 가지 않은 길을 가야 할 수도 있고, 남이 다 가는 길을 가지 말아야 할 수도 있습니다. 높은 신앙의 길을 가려면, 위험한 선택을 해야 할 경우가 더 많아집니다.

느헤미야의 선택

성경에는 이렇게 위험한 선택을 한 인물들이 종종 나옵니다. 그중에 한 사람, 느헤미야를 소개하려고 합니다. 느헤미야는 위험한 선택을 했습니다. 느헤미야는 왕의 술 관원이었습니다. 가만히 있으면 자기가 누리던 위치를 즐기며 노후를 품위 있게 살다가 생을 마감할 수 있었습니다. 하나님이 허락하셔서 누릴 수 있었던 바벨론 궁전에서의 안락한 삶을 즐기면서도 자기 위치에서 자신의 신앙 양심껏 최선을 다해 살 수 있었습니다. 요즘으로 생각하면, 은퇴 후 연금과 저택과 함께 안전이 보장되어 있었습니다. 굳이 모험을 할 필요가 없었습니다. 그의 나이 40대 중후반 사이였습니다.

그런데 그가 예루살렘 성벽 재건을 추진하려고 합니다. 인생의 후반에 새로운 모험을 하려는 느헤미야가 어리석은 길을 선택한 것입니까? 사서 고생한다는 측면에서는 분명히 어리석습니다. 불투명할 뿐만 아니라 누가 봐도 위험한, 그것도 지나친 대가를 요구할지도 모르는 미래를 위해 모험한다는 것은 어리석어 보입니다. 그러나 더 나은 것을 바라보았기 때문에 느헤미야는 위험한 선택을 했습니다. 느헤미야는 자신이 그 시대에 완수해야 할 사명을 바라보았습니다. 마치 영화 〈반지의 제왕〉에서 주인공 프로도가 자신만이 반지를 운반해야 하며 제거해야 할 사람임을 깨닫고 생명을 건 여행을 하는 것과 마찬가지입니다.

느헤미야는 그것도 '지금' 해야 한다는 것을 느꼈습니다. 오직 '내'가 해야 한다는 것 또한 느꼈습니다. 그러나 상황은 원하는 대로 준비되어 있지 않았습니다. 대개 이런 일에는 완전한 준비란 없는 법입니다. 프로도가 모든 적을 방어할 수 있는 장갑차를 타고 반지의 음흉한 유혹에 전혀 흔들림이 없는 사람이었다면, 이 영화가 그렇게까지 흥행하지는 않았을 것입니다.

느헤미야는 아무것도 준비되어 있지 않은 상황에서 목숨을 내건 선택을 해야 했습니다. 그는 두려움 속에서 깨달은 자신의 사명을 몸으로 실천해야 했습니다.

새로운 것에 도전할 때

느헤미야처럼 선택이 두려울 때, 우리는 어떻게 반응합니까? 느헤미야서 1장을 보면, 느헤미야는 이스라엘 자손을 위해 하늘의 하나님께 기도를 드린 후 몇 달을 그냥 보냈습니다. 그러다 하나님께서 드디어 기회를 주셨습니다. 왕 앞에서 술 시중을 들고 있는데, 수심이 있는 느헤미야의 얼굴을 왕이 간파한 것입니다. 보통 이런 경우에 시중드는 신하는 죽음을 각오해야 합니다. 왕의 기분이 좋았을 때를 제외하고는 말입니다. 그런데 무슨 일인지 그날 왕은 느헤미야의 말을 다 들어주었습니다. 그야말로 하늘의 하나님께서 직접 기회를 열어주고 계셨습니다. 느헤미야 역시 느꼈을 것입니다.

그는 신속하게 일을 진행시킵니다. 바벨론의 고위 관리로서 예루살렘에 내려왔습니다. 내려와 보니 예루살렘은 성벽이 없는, 말 그대로 무방비 도시였습니다. 요즘 시대에야 성벽이 거추장스러운 것이지만, 그 당시에는 성벽이 곧 안전을 뜻했습니다. 성벽이 없다는 것은 적에게 100퍼센트 노출되어 있다는 뜻입니다. 안심하고 잠을 잘 수가 없다는 말입니다. 적의 공격에 무방비 상태란 뜻입니다. 성벽은 평화와 안전과 안식을 의미했습니다. 번영과 건재를 의미했습니다. 그런데 이런 성벽이 사라진 지 무려 150년 가까이 되었습니다.

아무도 그 긴 세월 동안 성벽 재건을 시도하지 않았습니다. 생각할 수도 없었습니다. 바벨론 대제국 앞에서 감히 성벽을 쌓을 생각을 하다니, 반역을 꾀한다는 오해를 살 수도 있었습니다. 그러다 개인뿐만 아니라 일족과 공동체 전체가 망하는 것이 아닌가 하는 생각을 충분히 할 만한 상황이었습니다.

공동체가 힘이 없고 무기력할 때에는 주변의 적들이 내버려둘 수 있습니다. 문제를 일으킬 만큼 위협적인 존재가 아니기 때문입니다. 성벽도 없는 유다 사람들은 전혀 위협이 되지 않았습니다. 패배 의식에 사로잡혀 사는 그들을 두려워할 필요가 없었습니다. 적당히 겁을 주고 위협해서 고분고분하게 살게 하면 됩니다.

그런데 갑자기 바벨론 궁전에서 엉뚱한 선택을 한 사람이 내려왔습니다. 기분 나쁜 존재입니다. 지금까지 비교적 평화롭던 분위기를 일시에 깨뜨렸습니다.

사마리아의 지도자인 산발랏이 말합니다.

"예루살렘의 성벽을 세운다고? 예루살렘의 '루저'들이? 지금까지 성벽 없이 잘 살아왔는데, 이제 와서 무슨 성벽 타령이야! 마음대로 해 보라 그래. 좀 하다가 지쳐 쓰러지겠지."

암몬 사람 도비야까지 거듭니다.

"여우가 올라가도 무너져 내릴 성벽 공사를 왜 해?"

비웃을 뿐 아니라 힘을 이용해 해를 끼칠 모의를 합니다. 그들은 먼저 말로 위협을 가했습니다. 말로 되지 않으면, 그 다음에는 물리적인 힘을 이용해서 응징할 준비를 했습니다.

다 함께 꾀하기를 예루살렘으로 가서 치고 그곳을 요란하게 하자 하기로

느 4:8

도전에는 늘 위험과 위협이 따릅니다. 내 마음을 요란하게 만들려는 일들이 생깁니다. 공동체를 어지럽히려는 시도가 쉴 새 없이 일어납니다. 개인이든 공동체든, 영적으로 새로운 일을 하려고 하면 방해하는 세력이 반드시 나타납니다.

새로운 선택에 따른 외적 위험

새로운 선택에는 그 선택을 흔들려는 여러 가지 위험이 따라옵니다. 먼저 외적인 위험이 있습니다. 느헤미야가 성벽을 재건하는 일에도 외적 위험이 존재했습니다. 산발랏과 그의 친구들은 말과 물리적인 위협으로 공동체를 혼란스럽게 만들려고 했습니다. 요란하게 만들어서 다 흩어버리려고 했습니다. 새로운 일을 하지 못하게 막으려고 했습니다.

지금 우리가 사는 세상에서도 이와 비슷한 일이 벌어집니다. 우리가 무언가 의미 있는 일을 시작하려 하면 방해가 따라옵니다. 방해나 위험이 많을수록 '무언가 중요한 일이 진행되고 있구나!' 하고 생각할 수도 있습니다. 방해를 해서 건설적인 일을 하지 못하게 만들려고 합니다.

예를 들어, 술 좀 끊어보려고 하면 옆에서 비난하고 간섭하는 사람들이 생깁니다.

"얼마나 오래 살겠다고 이제 와서 그래? 사는 동안이라도 재미있게 살자!"

"딱 한 잔만 하자. 술이 들어가야 얘기가 술술 나오지 않냐?"

"너만 그러면 어떡해? 지금까지 만난 친구들, 다신 안 볼 거야?"

술을 줄이거나 끊어보려고 하면, 가까운 친구도 방해 세력이 됩니다.

어려웠던 예전 일을 하나 나누고 싶습니다. 나눔교회를 개척한 지 2년쯤 되었을 때, 교회에서 토지를 구입하게 되었습니다. 3,40명의 교인으로 시작했던 교회가 100여 명쯤 되었을 때였습니다. 생각해보니 이 인원을 가지고 건축을 꿈꾸었다는 것도 참 신기합니다.

그 땅은 월드컵 경기장 앞에 있는 자연녹지였습니다. 그중 일부를 교회에서 구입하기로 결정했습니다. 그러나 주인이 우리가 제시한 가격이 맞지 않는다고 해서 일이 잘 풀리지 않았습니다. 자연녹지라 구청에서 쉽게 건축 허가를 내주지 않는 것 또한 문제였습니다.

교회 식구들은 하나님의 뜻이 어디에 있는지 기도하면서 지켜보기로 뜻을 모았습니다. 그때 마침 주인이 태도를 달리하며 적극적으로 연락을 해왔습니다. 그러면서 이면계약을 하자고 하기에 저는 긍정적으로 답했습니다. 이건 기도 응답이 분명하다면서 계약을 하러 나갔습니다.

저는 그때까지 부동산에 관한 계약을 해본 경험이 없었습니다. 그래서 이중계약이 나쁜 것은 알았어도 이면계약이 뭔지는 정말 몰랐습니다. 저는 서류를 준비해온 주인과 설레는 마음으로 만났습니다. 드디어 땅을 살 수 있다는 기대와 함께.

하지만 계약서를 작성하는데 주인이 가격을 다르게 적어달라고 요구했습니다. 저는 그럴 수는 없다고 했습니다. 그러자 주인이 퉁명스럽게 말했습니다.

"이면계약을 하자는 말에 목사님이 그러자고 하지 않았습니까?"

아! 그때야 알았습니다. 이면계약이 이중계약이라는 것을! 정말 어수룩하지요. 알고 난 후에는 도저히 그럴 수가 없어서, 정말 죄송하다고 거듭 사과하며 제가 그 말을 정말 몰라서 그랬다고, 알고는 못 하겠다고 했습니다. 그 분은 다른 사람들은 다 하는 것을 왜 못하느냐고 저를 이상하게 보았습니다.

"그래도 제가 목사인데 이중계약을 하고 어떻게 교인들에게 정직하게 살라고 설교를 합니까."

그래서 당시 계약이 무효가 되었습니다. 그 사이 구청에서 정식 허가를 받을 수 있다는 것을 알았으나 당장 구입할 수는 없었습니다. 그렇게 1년이 흘렀습니다. 담임목사에게는 길고 긴 기다림의 시간이었습니다.

그러나 그 후에 경기가 안 좋아지고 땅을 사려는 사람이 아무도 없자, 기적처럼 땅값이 처음보다 3분의 1로 내려갔습니다. 주인은 마음이 급해졌고 떨어진 가격에 그냥 팔겠다고 연락을 해왔습니다. 이게 웬일입니까. 양심을 팔아야 살 수 있었던 가격보다 더 싸졌습니다. 신앙 양심을 지키면서 더 싼 값으로 땅을 사는 기적이 일어났습니다. 하나님께서 우리의 기도에 응답하셨습니다.

그러면 모든 문제가 없어졌습니까? 다시 건축비 문제로 교회에서 논의가 벌어졌습니다. 심지어 건축비가 없으니 다시 팔자는 이야기도 나왔습니다. 그러나 교인이 점점 늘어가면서 당시 임대하고 있던 성산동의 작은 빌딩 3개 층이 거의 수용 한계를 넘어서고 있었습니다. 또한 불교 신자였던 주인이 자기 건물에 교회가 있는 것이 내키지 않는다며 강제로 나가라는 통보를 해왔습니다. 개척한 지 겨우 2년, 얼마 안 되는 교인, 제가 봐도 자신이 없는 상황이었습니다. 그래도 저는 욕심이 났습니다.

제가 가장 의지하고 존경하던 분도 조심스럽게 문제를 제기하고 각자의 의견이 자칫 사람들의 마음을 가르려고 하던 즈음, 다 내려놓고 기도하기로 했습니다. 목사도 기다리고 교인들도 기다리고···. 다시 긴 기다림이 시작되었습니다.

부정적인 이야기는 때로 큰 파장을 불러일으키곤 합니다. 부정적인 의견들은 보통 불합리한 의견이 아닌 경우가 많습니다. 오히려 합리적일 때가 많습니다. 수치와 논리를 따라 말하기 때문에 설득력이 있습니다. 대개 옳은 경우가 많습니다.

그런데 그 수치와 논리가 때로 믿음의 결정을 막을 때가 있다는 것이 문제입니다. 합리적이지만 부정적인 의견이 반복해서 나오면 여러분은 어떻게 하시겠습니까?

새로운 선택에 따른 내적 위험

새로운 선택에는 그 선택을 흔들려는 외적인 위험과 함께 내적인 위험이 따라옵니다. 일반적으로 포기하는 것은 가장 쉬운 선택입니다. 유다 백성들은 위협 앞에서 스스로 지쳐 건축을 포기하려고 했습니다.

> 유다 사람들은 이르기를 흙무더기가 아직도 많거늘 짐을 나르는 자의 힘이 다 빠졌으니 우리가 성을 건축하지 못하리라 하고 느 4:10

주변의 위협과 부정적인 말들 앞에서 공동체 안에 있는 사람들마저 지쳐버렸습니다. '우리가 이 일을 과연 마칠 수 있을까' 하고 의심합니다. 산발랏과 도비야의 위협 때문에 자녀와 아내가 죽거나 팔려 가지는 않을까 하는 두려움이 엄습합니다.

두려움이 다가오면 힘이 빠집니다. 더 이상 일할 마음이 생기지 않습니다. 산발랏과 도비야가 노리는 것이 바로 이것이었습니다. 외적인 위협보다 내적인 좌절이 더 무섭습니다. 내부에서 부정적인 의견이 공동체를 지배하게 되면 스스로 무너져 내리기 때문입니다. 이렇게 부정적인 말들이 나올 때, 어떻게 반응하시겠습니까?

"위험하니까 하지 말자. 에너지가 너무 많이 소모된다. 다음에 하지, 뭐. 언젠가 때가 올 거야!"

모든 것이 준비된 때를 기다리는 사람은 항상 때를 놓칩니다. 세상에 준비된 때란 없습니다. 한 번 두 번 때를 놓치면 영영 오지 않을 수도 있습니다. 그러면 어떻게 해야 합니까? 두려운 상황이 닥칠 때 무엇을 해야 합니까? 무조건 믿음으로 돌진합니까? 아니면 두려움 가운데 물러섭니까? 무엇을 해야 합니까?

그 문제를 낸 출제자의 의도를 알아야 시험을 통과합니다. 문제를 만들고 그 문제를 이용해 뜻을 이루시려는 주관자의 뜻이 무엇인지를 먼저 알아야 합니다.

안개가 자욱하고 한 치 앞도 보이지 않는 깜깜한 새벽 바다에 서 있는 상황이라면 여러분은 어떻게 하겠습니까? 노련한 선장(船長)에게 배를 맡겨야 합니다. 내가 잘 안다고, 나름 공부를 많이 했다고, 열정이 있다고, 내 모든 것이 걸려 있다고 해도 초보인 내가 배를 몰 경우에 결과는 뻔합니다. 배는 암초에 걸려 부서지거나 엉뚱한 곳으로 흘러갈 것입니다. 우리는 그 문제를 통해 뜻을 이루고자 하시는 하나님의 뜻을 알아야 합니다. 하나님이 계획하신 일이기 때문입니다.

내적인 위험은 끊임없이 다양한 형태로 다가옵니다. 이제는 유다 사람들마저 '여론'까지 동원해서 방해합니다.

> 그 원수들의 근처에 거주하는 유다 사람들도 그 각처에서 와서 열 번이나 우리에게 말하기를 너희가 우리에게로 와야 하리라 하기로 느 4:12

산발랏과 이웃해 있는 사람들이 와서 고급 정보라고 하면서 열 번이나 상황을 알려줍니다. 이들은 공동체에 도움을 주는 척하지만, 실제로는 공동체를 방해하려는 사람들입니다. 어떤 동기로 했든, 그들의 말은 하나님으로부터 나온 것이 아니었습니다.

우리가 어떤 일을 결정할 때, 사람들의 의견이나 여론은 선별적으로 들어야 합니다. 그것이 하나님으로부터 온 것인지, 아니면 인간적이고 이기적인 것인지 분별할 필요가 있습니다. 언뜻 듣기에 도움이 되는 말이라고 다 들으면 하나님의 일을 하지 못합니다.

교회는 사람들의 의견 집합소가 아닙니다. 사람들의 의견이 먼저가 아니라 하나님의 말씀과 뜻이 먼저입니다. 많은 사람들이 선한 의지로 돕겠다고 하지만, 막상 일이 잘못되면 누구도 책임지려고 하지 않습니다. 말이 많은 사람일수록 책임지지 않습니다. 그렇다고 의견을 내지 말라는 뜻은 아닙니다.

기도 가운데 하나님의 뜻을 찾으면서 의견을 조심스럽게 개진하라는 것입니다. 하나님 앞에서 말이 많았던 사람들은 대부분 하나님의 징계를 받았습니다. 순종의 사람은 말을 많이 하지 않습니다.

최고의 방어와 공격은 기도이다

선택이 두려워질 때, 기도해야 합니다. 사람들의 '여론' 때문에 두려움에 휩싸인다면 공동체는 힘을 잃습니다. 이럴 때는 다들 엎드려 기도하는 것이 최선의 결정입니다. 하나님께서 개입하셔서 그분의 뜻을 알려주시기 전까지 기도해야 합니다.

앞에서 교회 건축에 관한 이야기를 나누었습니다. 우리는 3개월간 기도하기로 했습니다. 하나님께서 말씀하실 때까지 아무도 건축에 관한 말을 꺼내지 말자고 했습니다.

그런데 한 달 반이 지난 어느 날, 하나님께서 역사하셨습니다. 수치와 논리를 중시하고 교회 여론에 뜻을 모으던 분이 하나님의 뜻을 강하게 깨닫는 기회가 생겼습니다. 묵상 가운데 하나님께서 그 분에게 교회 건축의 필요성을 말씀해주셨고, 그 분은 그 말씀에 순종하셨습니다. 그 후에 믿음의 결정을 내렸습니다. 오히려 더 적극적이 되어 믿음으로 도전의 길을 가자고 다른 사람들을 설득하셨습니다. 저는 지금도 그 분의 인격과 선택을 존경합니다. 진정한 믿음의 사람이었습니다. 자신의 생각 너머의 하나님을 만난 분이었습니다.

느헤미야가 행한 결정도 이와 같습니다. 안팎의 두려움 속에서 느헤미야는 기도로 반응합니다.

> 우리 하나님이여 들으시옵소서 … 주 앞에서 그들의 악을 덮어두지 마시며 … 우리가 우리 하나님께 기도하며… 느 4:4-9

느헤미야가 하늘에 계신 하나님께 일러바치고 있습니다. 두려울 때 최고의 방어와 공격은 기도하는 것입니다. 기도는 방어인 동시에 공격입니다. 하나님의 보호를 구하면서 하나님의 개입을 구하기 때문입니다. 느헤미야는 행동의 사람이기에 앞서 기도의 사람이었습니다. 여러분이 만약 행동이 앞서는 사람이라면, 먼저 기도의 사람이 되어야 합니다.

기도는 하나님의 동행을 구하는 가장 최선의 방법입니다. 하나님과의 동행은 돈이나 재주로 살 수 없습니다. 기도로 애원하는 것밖에는 다른 방법이 없습니다.

교회 건축에 대한 이야기를 조금 더 나누겠습니다. 건축을 결정할 때부터 두려움을 안고 땅을 사고, 설계를 맡기고, 공사를 시작했습니다. 공사를 하기까지 많은 우여곡절이 있었습니다. 결정할 때는 아무 말도 하지 않다가 진행이 되자 말을 만들어내는 사람도 있었습니다.

자연녹지를 구입했기 때문에 최대한 공간을 확보하기 위해 지하를 깊이 파야 한다는 것이 전문가들의 주된 의견이었습니다. 한쪽에서는 그렇게까지 공간을 파면 경제적인 부담이 크다고 했습니다. 맞는 말이었습니다. 그 당시로서는 맞는 말이었지만, 미래를 보면 맞지 않는 말이기도 합니다. 지금 시점에서 보면, 교회 내 교육 공간은 이미 다 찼습니다. 중고등부는 지금 장소가 비좁아서 다른 공간을 찾아봐야 할 정도가 되었습니다.

얼마 전에 제가 사역자들 앞에서 이런 제안을 했습니다.

"모일 공간이 부족한데, 이러면 어떨까요? 제일 잘 모이는 부서가 제일 넓은 공간을 차지하는 겁니다."

이 말에 한 사역자가 당차게 말했습니다.

"그러면 목사님, 본당도 포함되나요?"

그래서 제가 이렇게 말했습니다.

"그럼요, 장년보다 더 많으면 본당도 내줄 수밖에 없지요."

제가 말을 잘못 꺼낸 건 아닐는지 모르겠습니다. 부지런히 노력해서 경주해야 할 경쟁자들이 생겼습니다.

자연녹지라는 것은 우리에게 곧 방해물이라는 뜻이었습니다. 그러나 그 점 때문에 땅값이 쌌고 우리 여건에 맞았습니다. 자연녹지는 우리에게 기회가 되었습니다. 이면계약도 마찬가지였습니다. 이것은 우리에게 방해물이자 유혹이었습니다. 그러나 그것을 하지 않고 기다렸기에 오히려 더 싼 가격에 살 수 있었습니다. 이면계약을 취소한 것이 우리에게는 기회가 되었습니다.

마찬가지입니다. 여러분의 길을 막는 방해물이 곧 기회일 수 있습니다. 물론 얼토당토않은 모든 것이 믿음은 아닙니다. 그래서 선택에 앞서 기도해야 합니다.

두려운 선택 앞에 도전하라

믿음은 두려운 선택 앞에서 도전을 기꺼이 받아들이는 것입니다. 교인수 100명의 교회가 믿음으로 도전할 수 있는 선택의 폭이 있습니다. 300명이 모이는 교회, 500명이 모이는 교회가 믿음으로 결정할 수 있는 선택의 폭이 있습니다. 교회 상황이나 헌신에 따라 달라지긴 하겠지만, 안전한 것이 믿음의 길은 아닙니다. 어려움을 받아들이지 않겠다는 것은 도약할 수 있는 길을 막아버립니다. 재정적인 압박은 우리에게 항상 도전을 줍니다. 우리가 그 당시 현실만 보았다면, 이 정도의 공간을 갖지는 못했을 것입니다.

그런데 문제가 있을 때마다 최종적인 선택을 해야 하는 제게는 큰 부담이 있었습니다.

"하나님, 사탄이 사람들의 마음을 분분하게 합니다. 이런저런 의견으로 나뉘게 합니다. 한편으로는 다 옳은 의견처럼 들립니다. 정말 하나님의 뜻은 무엇입니까?"

항상 하나님 앞에서 홀로 물어야만 했습니다. 외로운 싸움이었지만, 하나님께서는 그때마다 선택에 따른 위험에 대해 말씀해주셨습니다.

"어차피 두려워서 가지 않으면, 아무 일도 일어나지 않을 것이다. 그러면 공동체는 편안할지 모르지만, 생동감은 잃어버린다. 새로운 일에는 항상 두려움이 따른다. 세상에 변화를 주는 공동체가 되려면, 이런 도전들이 계속 따를 것이다."

150년간 힘없이 살아온 예루살렘 사람들도 힘들어했습니다. 도중에 하차할 만한 위험에 빠질 뻔했습니다. 새로운 변화의 길을 가려면 언제나 위험이 따릅니다. 공동체가 제대로 성장하는 과정에는 다양한 두려움이 존재합니다.

나눔교회는 개척한 지 얼마 되지 않아서, 교회가 경험할 수 있는 가장 큰 두려움을 경험한 셈입니다. 교인 수도 많지 않고, 교회 성도들이 아직 '내 교회다'라는 생각이 약할 때 건축이라는 큰일을 했습니다. 지금 생각해보면, 하나님의 은혜가 없었다면 우리 공동체는 더 큰 어려움을 겪을 수도 있었습니다. 그러나 하나님께서 우리와 함께해주셨습니다.

하나님과의 동행이 가장 우선순위이고 가장 중요한 것이지만, 우리도 한 일이 있습니다. 두려울 때마다 기도하며 어려운 선택을 한 것입니다. 기도 가운데 함께한 사람들은 지금 건축의 축복을 경험하고 있습니다.

하나님을 의지하고 싸우라

기도하며 믿음의 길을 걸어가면, 하나님의 동행을 경험합니다. 느헤미야와 이스라엘 백성들은 계속해서 위협을 느꼈지만, 기도하면서 성벽을 쌓는 일에 모두가 참여했습니다. 백성들은 힘닿는 데까지 열심히 일했습니다. 기도하면서 스스로를 지키는 일에 참여했습니다. 가장 취약한 곳은 집중적으로 방어했습니다. 기도하고, 일하고, 지켰습니다. 여기서 제가 크게 감동받은 구절이 있습니다.

> 너희는 그들을 두려워하지 말고 지극히 크시고 두려우신 주를 기억하고 너희 형제와 자녀와 아내와 집을 위하여 싸우라 느 4:14

얼마나 멋진 구절입니까? 하나님의 동행을 의지하고 싸워야 합니다. "나는 아무것도 하지 않겠다"라고 말하지 말아야 합니다. 내가 할 수 있는 것이 흙을 나르는 일이라면 흙을 날라야 합니다. 내가 할 수 있는 것이 돌을 들어 올리는 일이라면 돌을 올려야 합니다. 내가 싸울 수 있는 사람이라면 싸워야 합니다. 하나님의 뜻을 이루기 위해 내가 할 수 있는 일이 있다면, 나서서 해야 합니다. 기도하며 행동해야 합니다. 성벽을 쌓는 일은 교회의 성장을 의미할 수도 있습니다. 가정의 성장을 의미할 수도 있습니다. 회사의 성장을 의미할 수도 있습니다. 자신의 성장을 의미할 수도 있습니다.

느헤미야는 기도하고 나서 하나님과의 동행을 선포하고 기대합니다.

"그들을 두려워하지 마십시오. 주를 기억하십시오. 주는 두렵고 위대하신 분입니다."

느헤미야가 또 선포합니다.

우리에게로 나아오라 우리 하나님이 우리를 위하여 싸우시리라 느 4:20

믿음의 지도자를 따라 믿음의 길을 결정한 공동체는 하나님의 동행과 도우심을 경험합니다. 하나님께서는 산발랏과 도비야의 위협을 없애버리셨습니다. 공격다운 공격 한 번 제대로 못해보고 그들은 무너져 내렸습니다. 성벽은 52일 만에 다 쌓았습니다. 원수들이 오히려 두려워 떨면서 가만히 있었습니다. 하나님이 동행하시면 어떤 경우에도 일은 이루어지며, 두려움에 떨던 우리가 오히려 두려움의 대상이 됩니다.

우리의 최고 자산은 크고 두려우신 하나님께서 우리와 함께하신다는 것입니다. 하나님의 길을 선택하십시오. 그리고 선택 앞에서 두려울 때 하나님의 동행을 위해 먼저 기도하십시오.

두려움이 크면 클수록 그것과 정면으로 맞서 싸워서 얻는 기쁨 또한 커집니다. 하나님은 두려워하지 말라고 하시지만 두려움이 나쁜 것만은 아닙니다. 어려운 선택을 해야 할 때 두려움도 있지만, 두려움은 우리가 행동하고 선택하도록 만듭니다. 두려움이 없다면 우리는 미지근한 물에 만족하고 앞으로 다가올 위험을 느끼지 못하는, 가스불 위에 올려진 냄비 속 개구리가 될 수도 있습니다.

두려움이 우리를 행동하게 합니다. 이것이 두려움의 유익입니다. 새로운 일에는 항상 위험이 따릅니다. 위험 앞에 있으면 당연히 두렵습니다. 그러나 기도할 수 있습니다. 그러면 하나님과 동행하는 영광을 체험합니다.

하나님의 임재는 문제의 해결입니다. 하나님의 개입입니다. 하나님은 앞서 행하십니다. 그리고 함께 행하십니다. 그분께서는 새로운 미래를 열어주십니다. 하나님과의 동행을 위해 기도하고, 기대하고, 그리고 경험할 수 있습니다.

예수님의 선택을 따라

이 땅에 오시기로 결정한(선택한) 예수님의 선택을 생각해봅시다. 이 땅을 선택한다는 것은 고통과 배신과 배고픔이라는 대가를 지불해야 한다는 의미였습니다. 그러나 그것은 누군가의 유익을 위한 필수적인 선택이었습니다. 마치 캠퍼스 잔디밭에 뒹굴며 한가하게 즐기고 있는 학생에게 전도단이 다가가 방해해서 미안하다고 굽실거리며 접

근해 지극히 겸손한 말투로 이렇게 말하는 것과 같습니다.

"예수님이 당신을 위해 죽으신 것을 믿으라고 사정하듯 해서 우습게까지 여겨지는, 바로 그 복음을 위해 예수님은 바보처럼 필연적으로 선택하셔야만 했습니다."

저도 목회를 하다 지쳐서 그만두고 싶을 때가 있었습니다. 지난 시간 쌓인 것이 누적되어 힘들었던 것과 병이 생겨 쉬고 싶은 마음이 강렬했습니다. 목회를 한다는 것은 사랑하고 기대했던 사람으로부터 배신당하고 거절당할 수도 있다는 것을 깨달을 때였습니다. 저는 지쳐 있었습니다. 거의 목회를 그만두리라 스스로 기정사실화했을 때 기도했습니다.

그런데 왜 하필 그때가 크리스마스였을까요. 예수님이 이 땅에 오신 때와 같았습니다. 제게 예수님의 결정과 선택을 생각하게 하셨습니다. 그분보다 더 위험한 내리막길을 선택한 사람이 있을까. 그분의 선택을 생각하니, 순간 가슴이 먹먹해졌습니다. 한순간이었지만 강렬했습니다. 지난 몇 개월 동안 곱씹었던 선택이 물거품이 되는 순간이었습니다.

결국 제 결정은 정해진 것이나 마찬가지였습니다. 어떻게 예수님이 수직하강의 내리막길을 선택하신 것을 알고도, 그에 비하면 유치할 정도로 완만한 선택(그것도 내가 정한)을 거부할 수 있을까. 비록 그곳이 편리함과 안전을 보장해주지 않는다 해도 저는 선택할 수밖에 없었습니다.

우리는 이렇게 심각한 문제를 결정해야 할 때 두렵습니다. 나와 주변 사람들의 미래를 결정할 수도 있기 때문입니다. 그리고 외롭습니다. 내가 책임져야 하기 때문입니다. 그래서 주님이 그토록 자주 두려움과 동행을 같이 언급하신 이유가 아닐까 합니다.

| 동행의 약속 ; 두려울 때 |

두려움이 꼭 나쁜 것만은 아닙니다.
두려움은 우리가 행동하고 선택하게 만듭니다.

10 두려워하지 말라 내가 너와 함께함이라 놀라지 말라 나는 네 하나님이 됨이라 내가 너를 굳세게 하리라 참으로 너를 도와주리라 참으로 나의 의로운 오른손으로 너를 붙들리라

13 이는 나 여호와 너의 하나님이 네 오른손을 붙들고 네게 이르기를 두려워하지 말라 내가 너를 도우리라 할 것임이니라

14 버러지 같은 너 야곱아, 너희 이스라엘 사람들아 두려워하지 말라 나 여호와가 말하노니 내가 너를 도울 것이라 네 구속자는 이스라엘의 거룩한 이이니라

이사야서 41장 10,13,14절

chapter 03 '나의 약함'이 두려울 때
| 사 41:10,13,14 |

나의 약함은 나의 악함을 보는 기회이다

나의 두려움

저는 가정을 갖는 것이 두려웠습니다. 제 안에 문제가 많다는 것을 알고 나와 똑같은 복제품을 만들어낼 것이 두려웠기 때문입니다. 그래서 결혼을 하지 않겠다고 심각하게 생각해본 적도 있습니다. 그러나 외로움이 너무 커져서 결혼을 해야겠다고 마음을 바꾸었습니다. 전략을 수정한 셈입니다.

결혼한 후에는 이렇게 생각했습니다. 결혼은 하더라도 아이는 낳지 말고 하나님의 일을 하자고 말입니다. 그런데 결혼을 하고 나니까 자녀가 갖고 싶어졌습니다. 또다시 전략을 수정했습니다. 사실 준비 없이 결혼했고, 준비 없이 아이를 낳았습니다.

그 당시에는 배웠고 안다고 생각했지만, 지금 돌아보니 제가 안다고 생각했던 것들이 얼마나 오만한 생각이었는지 모르겠습니다. 심지어 결혼 전 신학대학원 학생일 때 부부 세미나를 인도한 적이 있는데, 그 분들에게는 정말 죄송한 마음입니다. 우리 가정이 하나님의 은혜로 여기까지 왔지만, 그 과정은 순탄하지 않았습니다. 저는 사랑하는 법에 서툴렀고, 사랑을 표현하는 방식도 잘 몰랐습니다. 상대를 기쁘게 해야겠다고 다짐했지만, 오히려 제 중심으로 기뻐하라고 강요할 때가 많았습니다.

"내가 당신을 사랑하는데, 당신은 당연히 기뻐해야지!"

사랑이 강요가 될 때, 그 사랑은 피곤해지게 마련입니다.

"내가 너를 사랑하는데, 너는 행복해야 돼!"

행복은 강요로 되는 것이 아니지만, 적어도 저는 아내가 행복할 거라 생각하며 살았습니다. 결혼 생활의 처음 10년은 그렇게 흘러갔습니다. 다음 10년은 이 사실을 조금씩 깨달아가는 시간이었습니다. 한마디로 지난 20년의 가정생활은 저의 약함이 그대로 드러난 세월이었습니다.

그런데 과거에는 제 약함을 드러내지 못했습니다. 두려웠기 때문입니다. 그러다 지난 2,3년 전부터는 제 약함을 드러낼 수 있게 되었습니다. 인간이 약하다는 것을 깊이 인정하게 되었기 때문입니다. 내가 약하다는 것이 문제가 아니라 약한 것을 숨기는 것이 더 큰 문제임을 알았기 때문입니다.

나를 약하게 하는 것

이제 개인의 약함에 대해 나눠보려고 합니다. 우리의 어떤 약함이 우리를 두렵게 합니까? 그 약함 때문에 무엇을, 누구를 두려워하고 있습니까? 남들이 알까봐 전전긍긍하며 두려워하는 점은 없습니까? 내 권위가 떨어질까봐 두려워하지는 않습니까? 내 자존심이 깎일까봐 두렵지는 않습니까?

이제 인간에게 어떤 약함이 있는지를 보고, 그로 인해 생기는 두려움에 대해 살펴보려고 합니다. 그리고 해답을 찾아보려고 합니다.

가장 기본적인 것은 "내가 약해서 두려워질 때, 하나님의 메시지가 있다"는 것입니다. 무엇이 나를 약하게 합니까? 많은 것이 있을 수 있지만 우선 밖에 있는 다양한 적대 세력들이 나를 힘들게 하고 약하게 할 수 있습니다. 또 우리의 마음이 약해지면 자연스레 두려움이 찾아옵니다.

이스라엘의 역사는 약함과 두려움의 반복이었습니다. 하나님께서는 이스라엘 민족에게 많은 적들을 보내셨습니다. 대적들은 이스라엘을 훈련시키는 막대기와 같이 사용되었습니다. 역사상 많은 대적들 앞에서 이스라엘은 반복적으로 지렁이나 벌레 같은 존재가 되었습니다. 힘이 없고 무기력했습니다. 왜 그렇게 약해졌습니까?

정답부터 말하자면 하나님을 떠나 세상의 방법을 좇은 것이 그 이유였습니다. 하나님께서는 자신을 떠난 이스라엘을 더욱 약하게 만드셨습니다. 그 목적은 한 가지밖에 없었습니다. '하나님께 돌아와 그의 백성답게 사는 것'이었습니다. 하나님의 백성 신분에 어울리게 사는 것이 그렇게 중요합니까?

또한 그들은 하나님께 돌아가기보다는 적들의 입맛에 맞춰 자신을 변신시켰습니다. 애굽이 힘이 세면 애굽에게, 앗수르가 힘이 세면 앗수르에게, 바벨론이 힘이 세면 바벨론에게 비위를 맞추고 힘이 센 나라에게 비굴하게 굴었습니다. 있는 것, 없는 것, 다 갖다 바쳤습니다. 그러나 그러면 그럴수록 돌아오는 것은 두려움뿐이었습니다.

세상에 보이는 것을 의지하면 두려움이 내 안에 손님으로 왔다가 다음에는 주인 행세를 하게 되어 있습니다. 두려움이 왕 노릇합니다. 내가 두려워하면, 두려움은 더 힘을 얻습니다.

두려움은 두려움을 먹고 삽니다. 때로는 이것이 병이 되어 'phobia' (공포증)이 됩니다. acrophobia(고소공포증), anthrophobia(대인공포증), monophobia(고독공포증), social phobia(사회공포증) 등 온갖 종류의 공포가 나를 사로잡습니다. 이 두려움은 어마어마한 힘을 갖게 됩니다. 나는 노예가 되고, 공포가 왕이 되어버립니다.

이스라엘의 역사가 이와 같았습니다. 하나님의 백성인 이스라엘은 점점 더 약해지고 얼마 남지 않게 되었습니다. 쉽게 밟혀 죽는 벌레처럼 힘도 없고 비천한 상태가 되었습니다. 하나님 없이 버틸 수 있는 한계는, 망해서 흩어지는 것이었습니다. 하나님께서 이스라엘을 이렇게 두신 것은 인생의 밑바닥에서 자기들의 죄와 비참한 모습을 깨닫고 하나님께 돌아오게 하려는 의도였습니다.

나의 악함을 보는 기회

이스라엘의 역사는 우리 개인에게 무엇을 가르칩니까? 내가 약하고 두려울 때, 나의 악함을 보아야 한다는 말씀 아닙니까? 먼저 자신의 인생 그래프를 점검해보십시오. 인생이 하강곡선을 그린 이스라엘과 같지는 않습니까?

우리가 두려움을 해결하기 위해 인간적인 방법을 동원하면 할수록 더 큰 문제가 다가옵니다. 압력은 가중되고 문제는 더욱 꼬여만 갑니다. 내 힘으로 문제를 풀려고 하면, 이와 같은 일이 생깁니다. 결국 문제를 푼 것이 아니라 더 큰 문제를 불러옵니다. 하나님을 찾지 않으면, 이런 일이 반복해서 터집니다.

하나님께서 부드럽게 타이르실 때 자신을 돌아보아야 합니다. 아니면 강도가 점점 더 높아져갑니다. 10정도의 강도에서 돌아오지 않으면, 20으로 올리실 것입니다. 충격의 강도를 높여야만 돌아올 수 있기 때문입니다. 그래도 끝까지 고집을 부리면 우리를 완전히 파산시키실 수도 있습니다.

우리가 약할 때 우리 속의 악함을 보아야 합니다. 하나님께서 우리를 약하게 하실 때 우리 안에 있는 문제를 보아야 합니다. 물론 모든 문제가 나의 악함 때문에 생기는 것은 아닙니다. 인과응보를 말하려는 것도 결코 아닙니다. 우리의 잘못이 없어도 주님의 뜻을 이루시기 위해 고난이나 어려운 상황을 허락하실 수도 있습니다.

그러나 내 안에 명확한 원인이 있어서 나쁜 결과가 초래되었다면,

분명히 바로 보아야 합니다. 그래서 그 상황을 주님 앞에, 또 내 앞에 내려놓고 기도해야 합니다. 그러나 분명한 원인을 발견하지 못한다 해도 이 기회에 내 안에 있는 악함을 볼 수 있다면 경건한 사람입니다. 그 사람은 큰 복을 누릴 것입니다. 무릇 경건한 사람은 기회가 있을 때 주님을 만난다고 하십니다.

> 그러므로 경건한 사람들은 주가 찾으실 때에 그분께 기도드려야 할 것입니다. 그러면 고난이 홍수처럼 밀려올지라도 그들을 덮치지 못할 것입니다. 시 32:6, 쉬운성경

나의 약함은 나의 악함을 보는 기회입니다. 하나님께서 주신 기회입니다. 이 기회를 잘 살려야 합니다. 깊은 묵상 가운데 하나님을 만나고 자기 자신을 보아야 합니다.

한계 안에 생각을 가두지 말라

또 무엇이 나를 약하게 합니까? 내부의 적이 나를 약하게 합니다. 그래서 두려워합니다. 외부의 적도 무섭지만, 더 큰 문제는 내부의 적입니다. 내부의 적은 바로 자기 자신입니다.

이스라엘 역사로 다시 돌아가봅시다. 이스라엘 백성들이 많은 적들에 둘러싸여 있다 보니, 자신감을 잃어버렸습니다.

"해봐야 그렇지, 뭐."

"우리는 안 돼."

거듭되는 패배가 그들의 정체성을 패배자로 만들어버렸습니다. 이제는 적이 문제가 아니라 자기 자신이 문제가 되었습니다. 자신감을 잃으면 자기 한계 안에 갇힙니다.

예를 들어, 건강을 오래 잃어본 사람은 하는 일마다 두려움을 느낄 수 있습니다. 내 몸이 감당할 수 있을까? 스스로 한계를 정하고 나면, 그 이상은 하지 않으려고 합니다. 암이라는 것을 알고 나서 얼마 후에 제가 그랬습니다. 사실 간암은 말기가 되기 전까지는 증상이 없는 병입니다. 그런데 제가 암 환자라는 것을 알고 나니 조금만 일을 해도 굉장히 피곤하고 지칩니다. 그래서 선을 긋게 되었습니다. 물론 간을 위해 쉬기도 하고 조심할 필요는 있지만, 제가 먼저 "이젠 안 돼" 하고 선을 긋는 것은 문제였습니다.

꼭 인도 사람들이 코끼리를 훈련시키는 법과 비슷합니다. 코끼리가 어릴 때는 쇠줄을 발에 달아 말뚝을 박아놓습니다. 아무리 달아나려 해도 코끼리는 쇠줄 때문에 달아나지 못합니다. 자기가 갈 수 있는 한계가 1,2미터 정도라는 것을 알게 됩니다. 다 자란 후에 얼마든지 자기 힘으로 끊을 수 있는 가느다란 줄을 매어놓아도, 코끼리는 달아날 생각을 하지 않게 됩니다. 이미 그 한계 안에 생각이 갇혀버렸기 때문입니다.

반대의 경우도 가능합니다. 자신감을 가지면, 지던 게임도 이길 수 있습니다. 2008년 한국 야구의 돌풍에 롯데 자이언츠가 중심에 있었습니다. 만년 꼴찌였던 이 팀이 돌풍의 진원지가 된 이유가 무엇입니까? 바로 감독에 있었습니다. 미국에서 온 로이스터 감독이 팀에 신바람을 불어넣고 있었습니다. 팀 분위기를 결코 두려워하지 않는 '노 피어'(No Fear)로 바꾸었습니다. 선수들에게는 자신감을 더했고 관중 동원력에다 게임의 재미를 더했습니다. 야구 때문에 지역 경제가 살아난다고 말할 정도였습니다. 롯데 선수들이 자신감을 가지고 야구에 임하자 경기가 살아나기 시작했습니다. 두려워하면 되던 일도 안 됩니다. 잘나가던 일도 고꾸라집니다.

자신감을 잃으면, 그 자리를 두려움이 차지하게 됩니다. 우리는 두려울 때 하나님을 찾아야 합니다. 두려움에도 물론 유익한 면이 있습니다. 두려울 때 하나님을 찾게 되기 때문입니다. 그런데도 하나님을 찾지 않으면, 문제가 꼬입니다. 내 안은 더 꼬입니다. 마음이 복잡한 것들로 가득 차게 됩니다. 머리가 복잡하다거나 마음이 심란하다고들 하는데, 바로 그런 것입니다. 주변 환경이 내게 위협적으로 느껴집니다. 주변에 있는 사람들 때문에 마음이 편하질 않습니다. 사람들이 두려워집니다.

솔직히 드러내기

약하고 두려울 때, 무엇을 해야 합니까? 먼저 자기 자신을 솔직히 드러내야 합니다. 그래야 방법이 있습니다. 누구에게 드러내야 합니까? 바로 하나님께 드러내야 합니다!

자신감을 잃고 나면, 우리는 꼭 버러지 같고 지렁이 같은 존재가 되고 맙니다. 스스로를 지킬 수 없습니다. 꼼지락거립니다. 살기 위해서 몸부림치지만, 의미 없이 허우적댈 뿐입니다.

비 오는 날, 땅 위로 기어 나온 지렁이를 본 적이 있습니까? 지금은 모르겠지만, 옛날에는 지렁이가 아이들의 놀이 대상이었습니다. 그 시절 아이들은 잔인했습니다. 비 갠 오후면 메마른 땅 위에 내리쬐는 땡볕 때문에 가뜩이나 괴로운 지렁이에게 소금을 뿌리고 고통스럽게 몸을 꼬고 몸부림치는 것을 보며 즐거워하곤 했습니다.

다른 사람의 이야기가 아니고 제 경험담입니다. 그때는 한 번도 지렁이가 불쌍하다고 생각하지 않았습니다. 적어도 지렁이와의 공감 능력이 제로였습니다. 그런데 나이가 들어갈수록 땅 위로 나온 지렁이를 보면 불쌍하다는 생각이 듭니다. '인생이 저런 모습이려니!' 하고는 묵상하게 됩니다.

'내가 저렇게 꼼지락거리고 있는 것은 아닌가? 내가 저렇게 무기력한 것은 아닌가? 물이 없어 바짝 말라버린 모습은 아닌가?'

그런데 내가 벌레 같고 지렁이 같다고 느껴질 때, 그때 사실 희망이 있습니다. 하나님의 음성을 들을 수 있기 때문입니다. 내 안에 두려움이 있다는 것은 신호입니다. 하나님을 찾으라는 신호입니다. 두려움의 유익이 이것입니다. 두려움은 하나님께 자신의 약함을 드러내라는 신호입니다. 또한 역으로 하나님께서 나를 부르고 계신다는 신호이기도 합니다.

자신감이 사라질 때, 하나님을 만날 절호의 기회가 생깁니다. 다 잃었는데, 더 잃을 것이 무엇입니까? 약해질 대로 약해져 있는데, 더 약해질 것이 무엇입니까? 그 자리에서 "나는 이 정도밖에 안 되는 사람이다" 하고 드러내면 됩니다. 물론 아무리 하나님께서 "버러지 같은 야곱아!"라고 부르셔도 "나 버러지 아니에요"라고 거부하면 그만이기도 합니다.

그런데 이런 상황이 소망을 만들 수 있습니다. 희망의 문을 열 수 있습니다. 왜 그렇습니까? 드디어 세상의 가장 깊은 우물 밑바닥에 내려온 것처럼 다른 소리는 들리지 않고 하나님의 음성만을 들을 수 있게 되었기 때문입니다. 그 칠흑 같은 어둠 때문에 하나님만 바라볼 수 있기 때문입니다.

하나님은 우리의 잘난 능력 때문에 감동받지 않으십니다. 오히려 우리가 버러지 같은 약한 모습을 인정하며 나아갈 때 감동을 받으십니다. 그분은 우리의 아바 아버지이시기 때문입니다. 서커스단의 곰 같은 재주로 하나님을 감동시키려고 하지 마십시오. 하나님은 서커스단을 운영하지 않으십니다. 연약함을 인정하는 것이 하나님의 인정을 받는 길입니다. 최악의 상태를 경험하기 전에는 최고를 경험할 수 없습니다.

토마스 아 켐피스의 《그리스도를 본받아》라는 책에 나오는 구절입니다.

"최상은 최하가 없이는 있을 수 없다."

하나님께 "나는 거지가 아닙니다. 굳이 구걸할 필요가 없습니다. 내가 가진 것으로 잘할 수 있습니다"라고 말하는 사람에게 하나님은 먼저 다가서지 않으십니다. 하나님께 나약함을 내보이고 나아갈 때 우리는 최상을 경험할 수 있습니다. 최하로 내려가기 전에는 최상으로 올라갈 수 없습니다. 하나님이 절벽 아래로 떨어지는 독수리 새끼를 물고 위로 치솟는 어미 독수리처럼 우리를 물고 최상으로 올라가실 것입니다.

실패할 때 예수님을 바라보라

하나님의 메시지는 "두려울 때 예수님께 가야 한다"는 것입니다. 예수 그리스도는 과연 하나님의 최상을 경험하는 길입니까? 그렇습니다. 이 해답은 역설적인 표현에서 시작됩니다. 그리스도께서 인간의 '최하'를 경험하셨기 때문입니다. 어떤 인간보다도 더 극적이고 격렬한 '최하'를 몸소 겪으셨기 때문입니다.

이것이 무슨 말입니까? 인간으로 오신 하나님이 인간의 '최하'를 겪으심으로 '최하'에서 하나님의 '최상'으로 가는 길을 보여주셨습니다. 그냥 보여주신 정도가 아니라 열어주시기까지 하셨습니다. 그분이 열어놓으신 길을 따라가면 하나님의 '최상'을 경험할 수 있게 되었습니다.

성경은 이것을 단순하게 표현합니다.

"내가 예수님과 함께 죽었고, 내가 예수님과 함께 살았다."

유진 피터슨의 《메시지 The Message》 로마서 6장 4절은 이렇게 표현합니다.

> When we are lowered into the water, it is like the burial of Jesus; when we are raised up out of the water, it is like the resurrection of Jesus. Each of us is raised into a light-filled world by our Father ··· Romans 6:4

영어 표현 'lowered into'라는 말이 마음에 와 닿습니다. 밑으로 내려갔다는 말입니다. 내가 예수님과 함께 밑으로 내려갔다는 뜻입니다. 내가 예수님을 믿고 고백하는 순간, 나는 물속에서 죽음의 밑바닥으로 내려가 죽었습니다. 그리고 물 밖으로 나올 때 다시 생명을 얻었습니다.

그런데 로마서 6장은 단순히 예수님을 영접하는 한 번의 사건으로 끝내지 말라고 합니다. 죄에 대하여 계속 죽은 사람으로 여기며 살라고 권고하고 있습니다. 무슨 말씀입니까? 죄를 경험하는 순간, 깊은 밑바닥에서 나를 끌어올리시는 예수님의 능력을 경험하라는 말씀이 아닙니까? 내가 약해 밑바닥에서 헤매고 있을 때에도 같은 원리가 적용됩니다.

나에게는 소망이 없다는 것을 아는 순간, 예수님을 바라봅니다. 예수님은 손을 내밀어 나의 손을 붙잡아주십니다. 그리고 밑바닥에서 끌어올리십니다.

> 또 죽기를 무서워하므로 한평생 매여 종노릇 하는 모든 자들을 놓아주려 하심이니 … 그가 시험을 받아 고난을 당하셨은즉 시험 받는 자들을 능히 도우실 수 있느니라 히 2:15,18

예수님은 나를 죄에서 구원하시기 위해 최하를 겪으셨습니다. 예수님은 나를 시험에서 구출해주시기 위해 최하를 경험하셨습니다. 따라서 예수님을 의지하면, 우리는 최상을 경험할 수 있습니다.

따라서 실패할 때 곧바로 예수 그리스도를 바라보십시오. 넘어져서 밟힐 때 그리스도를 바라보아야 합니다. 베드로를 봅시다. 그는 실패 투성이 인간이었습니다. 한국 사람처럼 성격이 급합니다. 빨리빨리 행동합니다. 말이 앞섭니다. 열정이 넘칩니다. 의리의 사나이입니다.

그러나 두려움이 많은 사나이기도 했습니다. 예수님을 배반하는 일에도 빨랐습니다. 그는 도망쳤습니다. 그런데 얼마 안 가 도망친 자신이 벌레처럼 느껴졌습니다. 비참한 지렁이처럼 느껴졌습니다. 여전히 예수님을 부인하고 있었지만, 먼발치에서라도 주님을 보기 원했습니다. 그 밤에 베드로는 어린 계집종도 두려워하고 있었습니다. 주님은 그런 베드로와 눈을 맞춰주셨습니다. 베드로가 다시 태어나는 밤이었습니다. 베드로는 은혜가 무엇인지를 아는 사람이 되었습니다.

저라고 넘어진 순간이 없었겠습니까? 제가 벌레처럼 느껴진 순간이 왜 없었겠습니까? 모든 자신감을 잃고 포기하고 싶은 마음이 없었겠습니까?

언젠가 저희 집 아이들이 잘못했을 때 과도하게 화를 낸 적이 있습니다. 제가 생각해도 지나쳤습니다. 그래서 홀로 침대 한쪽에 얼굴을 가리고 앉아, 바닥까지 추락한 제 자신을 하염없이 책망했습니다.

"아비답게 행하지 못한 내가 너무 부끄럽고, 창피하다. 왜 이 정도밖에 할 수 없었을까?"

저는 식구들 앞에서 참담했습니다. 가족들의 얼굴을 다시 못 볼 것 같았습니다. 제가 바로 지렁이였습니다. 우리는 가정에서 실패할 수 있습니다. 부부 관계에서 실패할 수 있습니다. 자녀 양육에서 실패할 수 있습니다. 사람마다 약점이 있고, 부족한 점들이 있습니다. 그때 주님께서 말씀하셨습니다.

"지렁이 같은 너 수영아!"

"벌레 같은 너 수영아!"

이때 저는 주님의 도움을 구할 수 있었습니다. 우리는 주님의 인도를 구할 수 있습니다. 주님의 능력을 구할 수 있습니다.

수고하고 무거운 짐 진 자들아 다 내게로 오라 내가 너희를 쉬게 하리라
마 11:28

주님의 문제 해결 방법

내가 주님을 찾을 때, 과연 그분이 문제를 해결해주십니까? 나의 필요를 채워주십니까? 그렇습니다. 이 모든 질문에 대한 대답이 '주님

의 임재'라는 말 속에 다 들어 있습니다. 주님이 동행하십니다. 함께하십니다. 약한 나와 함께하십니다. 주님을 부르는 내 곁에 함께하십니다. 이사야서 41장 10절을 봅시다.

두려워하지 말라 내가 너와 함께함이라 놀라지 말라 나는 네 하나님이 됨이라 내가 너를 굳세게 하리라 참으로 너를 도와주리라 참으로 나의 의로운 오른손으로 너를 붙들리라

So do not fear, for I am with you; do not be dismayed, for I am your God. I will strengthen you and help you; I will uphold you with my righteous right hand. Isaiah 41:10, NIV

"I am with you" – 주님이 우리와 함께하십니다.

베드로의 눈을 맞춰주신 주님이 내 곁에 계십니다. 나의 눈을 맞춰주십니다. 눈과 눈을 맞추면 감정이 교류됩니다. 손을 뻗으면 닿을 수 있는 거리에 있다는 뜻입니다. 내가 말하면 들으실 수 있을 만큼 가까이 계신다는 말입니다. 소리를 지르지 않아도 다 들을 수 있는 거리에 계신다는 뜻입니다.

내가 최하로 떨어질 때, 최상의 주님이 내 곁에 계십니다. 그리고 느끼게 해주십니다. 머리나 이성이 아닌 가슴으로, 감정으로 경험하게 해주십니다. 평소에는 볼 수 없었던 세계를 볼 수 있게 해주십니다.

그리고 더 나아가 주님의 마음을 배우게 해주십니다.

제가 아비로서 힘들었을 때, 주님은 아비의 마음을 배우게 해주셨습니다. 제가 남편으로 힘들 때, 주님은 남편의 마음을 배우게 해주셨습니다. 목사로 힘들었을 때, 주님은 목자의 마음을 배우게 해주셨습니다. 주님과 함께 거하면서, 주님을 배웁니다. 부부가 시간이 지나면서 닮아가듯 그렇게 주님과 함께 있으면서 주님을 닮아갑니다. 이것이 우리의 기쁨입니다.

약해져도 좋은 것은 주님을 닮아갈 수 있기 때문입니다. 내가 강해서 주님을 잃는 것보다 약해서 주님을 얻는 것이 더 좋습니다. 내가 부해서 주님을 잃는 것보다 가난해서 주님을 얻는 것이 더 좋습니다. 지렁이 같더라도 괜찮습니다. 다 괜찮습니다.

"I am your God" – 주님은 우리 하나님이십니다.

하나님께서 나와 깊은 관계를 맺고 있다고 말씀하고 계십니다. 바로 나에게 "난 너의 하나님이야"라고 말씀하십니다. 우리와 함께하시는 임마누엘의 하나님이 바로 예수님이십니다. 이 예수님은 제3자의 예수님이 아닙니다. 바로 나의 예수님이십니다.

이것을 명심하십시오. 물론 사는 동안, 아무 관계없는 사람이 나를 도와줄 수도 있고 동정심 많은 누군가가 나를 도와줄 수도 있습니다. 그렇지만 깊은 관계없이 받는 도움은 마음을 울리지 못합니다. 감동을 주지 못합니다. 그런데 주님은 나와 깊은 관계를 맺고 계십니다.

"난 너를 위해 십자가에서 죽었다. 넌 내가 목숨 바쳐 사랑한 대상이야."

이 관계는 단순히 지나가다가 도와주는 관계가 아닙니다. 깊은 사랑과 헌신으로 만난 관계라는 말입니다. 저는 주님을 그렇게 만났습니다. 평상시에도 주님은 '나의 하나님'이셨습니다. 그렇지만 약할 때 더욱 나의 하나님이 되셨습니다.

자식이 만사형통하든 지긋지긋한 고통을 당하든 엄마는 엄마입니다. 변하지 않는 관계입니다. 하지만 자식이 고통을 당하게 되면 자식 입장에서는 엄마의 사랑과 헌신을 새롭게 인식하게 되고, 엄마 입장에서는 더욱 간절히 자식을 돌아보게 되는 것과 마찬가지입니다. 자식이 아파서 "엄마, 엄마" 하고 울면, 엄마의 마음은 떨립니다. 심장이 요동칩니다.

나이든 노모가 불편한 다리로 절뚝거리며 자식을 찾아가는 것을 개의치 않듯 엄마는 아이에게만 집중해서 다른 것은 눈에 들어오지 않습니다. 자녀의 소리는 엄마의 모든 귀를 그리로 기울이게 만듭니다. 제가 부르짖을 때, 주님은 다급한 엄마처럼 와주십니다. 오히려 저보다 더 다급하게 움직이십니다. 온 마음으로 제 연약함을 붙들어주십니다.

"I will strengthen you, help you, and uphold you" - 주님이 우리를 도우십니다.

주님이 우리를 도우신다는 사실은 구체적이고 새로운 것입니다. 우리는 새로운 존재가 될 것입니다.

  2008년 1월, 얼굴에 구안괘사가 온지 열흘 쯤 되었을 때입니다. 그때 병원에서 이런 메모를 적었습니다.

"풀코스로 즐기는 고난의 메뉴!
풀코스라 그런지 오히려 여유를 가질 수 있다.
그러나 다음에 어떤 고난이 올지 두렵긴 하다.
그래도 주님과 같이 나누는 코스니, 견딜 만하다.
고난의 풀코스가 내 인생의 모든 단면을 훑고 지나간다.
그리고 그 단면에 끼어 있는 불순물을 보여준다.
그것을 걸러내도록 촉구한다.
고난 자체가 불순물을 걸러주지는 못하지만, 보여는 준다.
나는 나의 불순물들을 보고 있다.
이제 걸러주시는 몫은 주님에게 있다.
그저 그분을 바라볼 뿐이다."

  지렁이같이 꿈틀대던 제가 새로운 모습으로 태어나는 과정이었습니다. 주님은 그렇게 도와주십니다. 창조적으로 도와주십니다. 우리 생각의 범주 안에 갇혀 있는 신(神)이 아니십니다.

  주님이 우리의 상식과 기대를 뛰어넘으시기 때문에 우리가 실망하는 것입니다. 주님은 주님의 수준으로 우리를 도우십니다. 주님은 우리가 약함을 고백할 때, 단순히 강하게 만들어주시기만 하지 않습니다. 우리 안에 있는 허물과 불순물을 보게 하십니다. 그리고 그것들을 하나씩 제거하는 작업을 하십니다. 거짓이 있다면 거짓을, 분노가 있다면 분노를 제거하십니다. 좌절이 있다면 좌절을 제거하십니다.

그리고 새로운 존재가 되게 하십니다. 본질이 다른 새로운 존재가 되게 하십니다. 새로운 존재가 되어야 새로운 일을 행할 수 있습니다. 애벌레는 나뭇잎을 먹지만 나비는 꿀을 먹습니다. 새 존재는 새로운 방식으로 행동합니다.

이사야서 41장 15절을 보십시오.

보라 내가 너를 이가 날카로운 새 타작기로 삼으리니 네가 산들을 쳐서 부스러기를 만들 것이며 작은 산들을 겨같이 만들 것이라

지렁이 같던 존재가 이제는 '타작기'같이 됩니다. '탈곡기'같이 됩니다. 지렁이가 변해 새로운 존재가 된 것입니다. 완전히 변했습니다. 완전한 변화와 함께 완전한 능력을 소유합니다. 물론 한 번에 이렇게 되는 것은 아닙니다. 여러 과정을 거쳐야 합니다. 그러나 궁극적인 목표는 거기까지입니다. 과거에는 짓밟혔으나 이제는 산들을 쳐서 부스러기로 만들 정도의 힘을 가지게 되었습니다. 환경을 변화시키는 놀라운 존재가 되었습니다.

상상이 되십니까? 나는 별로 변한 것이 없는데, 주님이 내 곁에 계

시고 내가 주님과 함께 있으니까 그것이 내 능력이 된 것입니다. 나는 그대로인데, 주님이 나를 바꾸십니다.

그리스도의 은혜와 능력으로 사는 사람

내가 이미 그리스도인이라면, '그리스도인'이라는 단어에 이미 메시지가 숨겨져 있다는 것을 알아야 합니다. 그리스도인은 '그리스도'가 네 글자요, '인'이 한 글자인 것을 기억해야 합니다. 말장난 같지만 그리스도가 더 중요하다는 말입니다. 의미가 있습니다. '그리스도인'이라는 말의 무게 중심은 뒤에 있지 않습니다. 앞의 '그리스도'에 있습니다. '그리스도인'이라는 말에서, 앞의 네 자가 빠지면 무슨 소용이 있겠습니까? 그리스도가 빠진 그리스도인이 무슨 의미가 있겠습니까? 그렇지만 그리스도가 앞에 있는 사람은 '그리스도인'입니다.

그리스도의 은혜와 능력으로 사는 사람이 '그리스도인'입니다. 밑바닥에서 그리스도를 바라보고 다시 회복을 경험하는 사람이 그리스도인입니다. 우리가 회복되는 과정에서 예수님을 새롭게 경험합니다. 새롭게 알아갑니다. 더 깊은 은혜의 바다로 들어갑니다.

따라서 내가 지렁이같이 무력하게 느껴질 때, 다시 시작할 수 있습니다. 주님이 함께하시기 때문에 소망이 있습니다. 주님은 앞서 가십니다. 전부 다 듣고 보고 계십니다. 알고 계십니다. 일하고 계십니다. 엄마가 모든 능력을 다 동원해서 자식을 돌보듯 주님은 그것 위에 우리가 가지지 못한 그분의 우월한 능력으로 지키십니다. 그리고 필요할 때 자기 백성을 위해서 개입하십니다.

"내가 너와 함께한다."

"내가 너의 하나님이다."

"내가 너를 돕겠다."

우리는 이 세 가지 말씀을 꼭 기억해야 합니다.

| 동행의 약속 ; 두려울 때 |
두려움은 하나님께 자신의 약함을 드러내라는 신호입니다.
또한 하나님께서 나를 부르신다는 신호이기도 합니다.

12 이르시되 너희를 위로하는 자는 나 곧 나이니라 너는 어떠한 자이기에 죽을 사람을 두려워하며 풀같이 될 사람의 아들을 두려워하느냐

13 하늘을 펴고 땅의 기초를 정하고 너를 지은 자 여호와를 어찌하여 잊어버렸느냐 너를 멸하려고 준비하는 저 학대자의 분노를 어찌하여 항상 종일 두려워하느냐 학대자의 분노가 어디 있느냐

14 결박된 포로가 속히 놓일 것이니 죽지도 아니할 것이요 구덩이로 내려가지도 아니할 것이며 그의 양식이 부족하지도 아니하리라

15 나는 네 하나님 여호와라 바다를 휘저어서 그 물결을 뒤흔들게 하는 자이니 그의 이름은 만군의 여호와니라

16 내가 내 말을 네 입에 두고 내 손 그늘로 너를 덮었나니 이는 내가 하늘을 펴며 땅의 기초를 정하며 시온에게 이르기를 너는 내 백성이라 말하기 위함이니라

이사야서 51장 12-16절

| 사 51:12-16 |

chapter 04 '사람'이 두려울 때

사람이 아니라 하나님을 두려워해야 한다

두려움을 극복하는 방법

그리스도인도 어려울 때 두려워할 수 있습니다. 그리스도인이라고 해서 사람이 아닙니까? 사람은 다 두려워할 수 있습니다. 그러나 하나님의 말씀은 단호합니다. 두려워하지 말라고 하십니다. 두려움이 없다는 말씀이 아닙니다. 두려워하지 않아도 된다는 말씀입니다. 하나님께서는 두려움이 없다고 말씀하신 적이 없으십니다. 하나님이 수없이 하신 말씀은 두려워하지 말라는 것이지 두려움이 없다는 뜻이 아닙니다.

이 땅은 두려움의 땅입니다. 그리스도인이어도 두렵고, 그리스도인이 아니어도 두렵습니다. 야만의 시대에는 겁이 없는 사람을 대장부라고 했지만, 실상은 유전적으로 공감지수나 감성지수가 극도로 낮은 사람일 가능성이 높습니다. 아니면 두려움을 타인에 대한 공격으로 풀어 상쇄시킨 사람일 수 있습니다.

그런데 과연 두려워하지 않는 것이 가능합니까? 저는 지난 2007년 10월부터 2008년까지 연달아 많은 어려움을 겪었습니다. 또한 지금도 소소한 두려움들이 밀물처럼 들이닥칩니다. 당시 연속해서 일어나는 육체의 질병과 가족들의 어려움이 저를 괴롭혔습니다. 사실 객관적으로도 두려워할 만한 일들이었고, 실제로 두려움에 잠을 이루지 못한 날들도 많았습니다. 그러나 결론적으로 말하면 두려움을 극복할 수 있었습니다.

그것은 제가 하나님의 손 그늘 아래 있었기 때문입니다. 우리는 이것을 '하나님의 동행'을 믿는 믿음이라고 합니다. 앞서 언급한 이사야서 12장 1,2절에는 하나님의 동행이 '3S'(my Strength, my Song, and my Salvation), 즉 나의 힘, 나의 노래, 나의 구원이라고 말합니다. 하나님은 나의 힘, 나의 노래, 나의 구원이신 하나님이십니다.

또한 이사야서 41장 10절에서는 동행의 약속이 다음과 같이 등장합니다.

"I am with you." 내가 너와 함께하겠다.

"I am your God." 나는 너의 하나님이다.

"I will help you." 내가 너를 돕겠다.

이 세 가지 약속은 우리의 가장 강력한 재산이며 무기입니다.

우리의 본질은 근본적으로 약합니다. 병에 약하고, 육체에 약하고, 가정의 문제에 약합니다. 돈에 약하고 사람에 약하고 명예에 약하고 약한 것투성이입니다. 그러나 약할 때, 두려울 때, 주님과의 동행은 가장 강력한 해답이 됩니다.

사람 때문에 흔들리는가?

그런데 어려운 환경 중에서도 우리를 가장 힘들게 하고 가슴 아프게 하는 것이 있다면, 바로 사람입니다. 우리는 사람 때문에 힘들어하고, 사람 때문에 위로받습니다. 사람 때문에 상처받고, 사람 때문에 회복됩니다. 사람 때문에 분노하고 사람 때문에 행복해합니다.

본질적으로 사람은 믿음의 대상이 아닙니다. 흔들리기 때문입니다. 변하기 때문입니다. 그래서 사람은 '사랑의 대상'이라고 말합니다. 사람은 사랑의 대상이지 믿음의 대상이 아닙니다. 사람을 따르고 의지하려고 하면, 큰 어려움에 부딪힐 수 있다는 말입니다. 이 말은 모든 사람을 다 의심하고, 관계도 맺지 말고, 거리를 두고 살라는 말은 아닙니다.

핵심 질문은 이것입니다.

"과연 나는 사람 때문에 흔들리는 사람인가?"

이사야서에는 하나님의 따가운 질책이 나옵니다.

너는 어떠한 자이기에 죽을 사람을 두려워하며 풀같이 될 사람의 아들을

두려워하느냐 사 51:12

만약 이 말이 가족이 나를 힐난하며 한 말이라면 큰 상처가 될 것입니다. 만약 교회 선배가 무심코 던진 말이라면 섭섭함에 밤을 지새울지도 모릅니다.

'어떻게 내가 당한 것을 겪어보지도 않은 사람이 저렇게 쉽게 말할 수 있지? 말이 쉽지. 자기가 내 문제를 어떻게 해줄 수 있다는 거야?'

그러나 이 말은 가족이나 교회 선배가 한 말이 아닙니다. 하나님께서 하신 말씀입니다. 곧 전능하신 하나님의 관점에서 볼 때 내가 걱정할 바가 아니라는 뜻입니다. 마치 다섯 살짜리 아이가 캄캄한 방을 두려워하는 것을 보고 엄마가 안심시키는 것과 같은 말씀입니다.

시기심과 질투에서 시작된 두려움

그리스도인은 사람을 두려워하는 문제에 직면하게 됩니다. 그런데 사람을 두려워하면 어떤 일이 생깁니까? 사람을 두려워하면, 하나님이 사라집니다. 사람을 두려워하면, 허망한 일을 경험합니다.

그렇다면 사람을 두려워한다는 것이 무슨 뜻입니까? 단순하게 어떤 거대한 세력을 무서워한다는 뜻이기도 합니다. 하지만 그런 의미만 있는 것은 아닙니다. 적어도 사람을 두려워하는 경우에는 힘센 사람 앞에서 굽실거린다는 말이기도 합니다. 우리의 상황에 맞게 고쳐 말한다면, 돈 많은 사람에게 친절하다는 뜻일 수 있습니다. 자기를 도와주고 출세시켜줄 수 있는 사람 앞에서 고분고분하게 구는 것을 말하기도 합니다.

그러나 시기심과 질투로 사람을 두려워하는 경우도 있습니다. 사울이 그런 경우입니다. 사울은 다윗을 두려워했습니다. 그러나 당시 겉으로 보기에 돌아가는 상황은 완전히 반대였습니다. 누가 보아도 다윗이 사울을 두려워할 상황이었지 사울이 두려워할 상황이 아니었습니다. 사울은 왕이었고 리더십도 확실했습니다. 그런데도 사울이 다윗을 잡으러 다닌 기간이 13년 이상 됩니다. 그 기간 동안 사울은 흔들리지 않는 강자였습니다. 다윗이 사람을 모아 데리고 있기는 했으나 혁명이나 반란을 도모하기 위해 모은 것과는 근본이 다릅니다. 그들은 다윗이 사울에게 쫓겨 다니는 것을 보고 모인 그 사회의 '루저'(loser, 패자)들이었습니다. 또 다윗이 사울의 권력을 탐하거나 위협을 한 적도 없습니다.

그러면 왜 사울은 다윗을 죽이기 위해 그토록 오랜 시간 에너지를 낭비했습니까? 다윗이 두려웠기 때문입니다.

여호와께서 사울을 떠나 다윗과 함께 계시므로 사울이 그를 두려워한지라 삼상 18:12

시기심입니다. 다윗이 사울에게 눈엣가시가 되었습니다.

> 사울은 다윗이 크게 지혜롭게 행함을 보고 그를 두려워하였으나 삼상 18:15

하나님이 다윗과 함께하시는 것을 안 후로 시작된 두려움이 점점 커져가고 있습니다. 이제는 다윗이 지혜롭게 행하는 것을 보고도 두려워합니다.

> 사울이 다윗을 더욱더욱 두려워하여 평생에 다윗의 대적이 되니라 삼상 18:29

이제는 사람들이 "사울이 죽인 자는 천천이요 다윗은 만만이로다" (삼상 18:7)라고 부르는 노래까지 사울을 괴롭히기 시작합니다. 그의 시기심과 두려움은 극에 달합니다. 이 노래 하나로 두려움에 휩싸인 사울은 스스로 파국을 선택하게 됩니다.

그러면 다윗은 사울을 두려워하지 않았을까요? 언뜻 보면 다윗은 하나님께 합한 사람이라 하나님께 늘 물어보며 두려움을 느끼지 않았을 것만 같습니다. 그러나 다윗도 사울을 두려워하기는 마찬가지였습니다.

> 그날에 다윗이 사울을 두려워하여 일어나 도망하여 가드 왕 아기스에게로 가니 삼상 21:10

다윗은 사울이 무서워 블레셋 가드 왕에게로 도망을 갑니다.

다윗이 이 말을 그의 마음에 두고 가드 왕 아기스를 심히 두려워하여
삼상 21:12

이제는 가드 왕 아기스까지 두려워하기 시작합니다. 잘생기고 지혜로운 지도자였던 다윗이 살기 위해 굴욕스럽게도 입에 거품을 물고 눈을 뒤집으며 미친 짓을 해야만 했습니다. 살기 위해….

다윗이 두려움을 느껴본 적이 없는 사람이라고 생각하셨던 분이 계셨다면 새삼스러울 수도 있겠습니다. 그러나 그도 사람이었고 두려움을 느꼈습니다. 다윗도 두려움에 휩싸일 때는 엉뚱한 판단을 해서 엄청난 대가를 지불하기도 했습니다. 그 역시 사람을 의지하기도 했고 음모를 꾸미기도 했습니다. 그로 인해 주변 사람들에게 피해를 주기도 했습니다.

사울과 다윗의 차이점

이런 관점으로 보면 사울과 다윗이 큰 차이가 없어 보입니다. 그런데 어떻게 결과적으로 정반대의 삶을 살게 됩니까? 무엇이 다릅니까?

차이는 시편에서 나타납니다. 무슨 말이냐고요? 다윗의 시는 있지만 사울의 시는 없다는 뜻입니다. 그게 또 무슨 말이냐고요? 다윗이 지은 시가 전부 성숙하고 온유하지 않다는 것은 시편을 주의 깊게 읽어본 분들이라면 잘 알 것입니다. 시편 곳곳에 자신을 괴롭히는 적에 대한 노골적인 저주와 때로는 자신의 기도에 즉시 응답하지 않으시는 하나님에 대한 원망이 묻어납니다. 그러나 그는 하나님을 떠나지 않았습니다. 그는 하나님 안에서 분노하고 두려워하고 염려했습니다. 자신이 하나님에게서 조금이라고 떠났다고 느껴지면 지체하지 않고 돌아왔습니다.

시편에는 그의 적나라한 감정들과 하나님에 대한 깊은 사랑의 고백이 공존합니다. 다윗의 시에는 결코 우아하지 못한, 시적 언어가 될 수 없을 것 같은 말들이 있지만 그의 시가 아름다운 것은 하나님이 자신의 피난처요, 목자요, 바위요, 요새라는 고백이 있기 때문입니다. 다윗은 시를 통해 하나님이 자신의 보호자시며 권능의 주(主)이심을 인정합니다. 동시에 마치 연인에게 바치는 듯한 아니, 그 이상의 사랑 고백을 아낌없이 합니다.

그러나 사울에게는 이런 고백이 없습니다. 그는 자신을 돌아보지 않고 하나님께 묻지도 않고 하나님의 선택을 원망하며 그 선택의 대상인 다윗을 저주하며 그 저주를 쫓아 살다 죽었습니다. 그는 처음 백성들에 의해 선택될 때 볼이 빨개져 숨을 만큼 수줍음과 부끄러움이 많은 사람이었습니다. 사람들이 무서워 숨기도 했습니다. 그러나 그것이 그의 한계였습니다. 그는 하나님을 두려워하지 않았습니다.

그는 사람을 두려워하고 다윗을 두려워했지만 하나님을 두려워하지 않았습니다. 수줍어하던 여린 청년은 더 이상 하나님을 찾지 않았습니다. 그의 판단과 능력이 그 자신의 힘의 근원이 되고 말았습니다. 하나님 앞에 더 이상 겸허하고 진실한 태도를 보이지 않습니다. 무엇이 이 사람을 이런 괴물로 만들어버렸습니까? 사울의 가치관이 결국 '사람' 중심이었던 것은 아니었을까요? 결국 다른 사람의 눈이 아니었을까 생각해봅니다. 남의 시선을 부끄러워하던 젊은이는 그 이상을 넘어서지 못했던 것은 아닐까 생각해봅니다.

'결국 피차 풀같이 될 사람의 아들이거늘…'

목회자의 두려움

다시 말하지만, 사람에 대한 두려움은 누구에게나 있습니다. 저 역시 두려움을 느낄 때가 많습니다. 심지어 목회를 할 때도 그렇습니다. 제가 목회를 하면서 느낀 두려움들을 한번 순서대로 나열해보겠습니다.

목사 안수식 때 제 차례가 되어 선배 목회자들이 제 머리 위에 손을 얹고 기도해줄 때 마치 엄청난 쇳덩어리를 어깨에 짊어진 듯한 무게를 느꼈습니다. 여기서부터 두려움이 시작되었습니다.

'과연 잘할 수 있을까? 설교를 통해 사람들에게 하나님의 뜻을 전달할 수 있을까? 물질적인 유혹 앞에서 담대할 수 있을까? 사람들을 잘 인도할 수 있을까…?'

하지만 그때는 두려움의 크기만큼이나 의욕이 커서 앞을 향해 나아갈 수 있었습니다.

그런데 한국에 들어와 남서울교회에서 목회를 시작하면서부터 진짜 두려움을 겪게 되었습니다. 먼저 설교가 두려웠습니다. 큰 교회 부목사로 부임해 초짜 목사가 저녁예배의 설교를 맡았을 때, 주일 설교에 대한 두려움으로 일주일 내내 피가 마를 지경이었습니다. 설교에 대한 두려움은 강도와 깊이를 달리하며 여전히 저를 괴롭힙니다.

또한 사람을 이해하지 못하는 데서 오는 두려움도 컸습니다. 사역 초기에는 상대방이 하는 말을 액면 그대로 받아들이고 대응하면서 겪는 오해들이 있었습니다. 사람의 속마음을 헤아리지 못해서 오는 어려움들이었습니다. 지금은 해를 거듭하며 조금은 노련해졌습니다.

가정이 저를 두렵게 한 적도 있습니다. 앞에서 이야기한 것처럼 제 약함으로부터 오는 관계의 어려움 때문이었습니다. 자녀 교육이 나를 두렵게 하기도 했습니다. 과연 목회자의 자녀로 바르게 잘 자라줄까 하는 염려가 있었습니다. 경제적으로 넉넉하지 못한 것도 저를 두렵게 했습니다.

교회를 개척한 후에는 성공 여부가 저를 두렵게 만들기도 했습니다. 건강이 저를 두렵게도 했습니다. 저는 암에 걸린 것 때문에 두려웠습니다. 또 여전히 제 속에 있는 한계와 상처도 두려웠습니다.

그러나 목회를 20년 정도 하고 교회 개척도 해보고 암도 걸린 지금 가장 두려운 것은 사람입니다. 좀 더 정확하게 말하자면 제 속에, 그리고 성도들 속에 있는 죄인의 모습을 정면으로 대면할 때 두렵습니다.

제 속에 있는 괴물이 나오기도 하고, 사랑스러웠던 성도의 속에서 괴물이 나오기도 합니다. 오늘 나의 기쁨이 되는 성도가 내일은 나의 근심이 될지도 모릅니다. 목회는 내가 어떤 행동을 해도 좋아해주고 이해해주고 추종하는 사람들을 대상으로 하지 않습니다. 목사는 그들의 인도자이기도 하지만 섬기는 사람이기도 합니다. 다스리고 권력으로 눌러 지배할 수 있다면 편하기는 하겠지만, 주님의 길은 아닙니다. 목회를 오래 하면 성격이 꼬인다고 한 어떤 분의 말이 젊은 날에는 이해가 되지 않았지만 지금은 무슨 말인지 이해가 갑니다. 목사도 사람인지라 속임을 당하거나 이해받지 못하면 상처를 받습니다. 그런데 그것을 다 속 시원하게 말할 수 없으니 속으로 쌓아둘 수밖에 없어 생기는 못된 병입니다. 목사도 죄인이기 때문에 상처받고 답답해합니다.

이 순간도 죽는 날까지 순수하게 목회를 하기 위해 기도하지만, 마치 전쟁을 치르듯 치열한 날들이 계속될 것입니다. 나는 죄인인데 성인(聖人)처럼 용서하고 사랑을 해야 하니 주님 없이는 미치든지 사람이 꼬이든지 하고 말 것입니다. 안 되는 능력을 가지고 품을 수도 없고, 그렇다고 주님의 사랑을 아는데 안 품을 수도 없습니다.

하나님을 두려워하는 인생

그러면 어떻게 해야 합니까? 하나님을 두려워하면 당당한 인생을 삽니다. 우리가 하나님을 두려워해야 할 이유는 무엇입니까? 이 질문은 바로 사람의 본질과 연관되어 있습니다. 사람은 하나님을 떠나면 두려워하게 되어 있습니다. 이것이 우리의 본질입니다. 두려움은 하나님이 욕망을 갖게 된 인간들을 위해 심어놓으신 알람 기능일 수 있습니다. 아담이 두려워 숨었습니다. 하와가 숨었습니다. 세대가 바뀌고 사람들이 아무리 잘사는 것처럼 보여도 마음 어딘가에는 그 두려움을 숨겨놓고 삽니다.

무엇보다 하나님을 떠나서 살 수 없는 사람의 본질을 아는 것이 중요합니다. 이사야서 51장 12,13절을 다시 보십시오.

> 너희를 위로하는 자는 나 곧 나이니라 너는 어떠한 자이기에 죽을 사람을 두려워하며 풀같이 될 사람의 아들을 두려워하느냐 하늘을 펴고 땅의 기초를 정하고 너를 지은 자 여호와를 어찌하여 잊어버렸느냐 너를 멸하려고 준비하는 저 학대자의 분노를 어찌하여 항상 종일 두려워하느냐 학대자의 분노가 어디 있느냐

세상의 어떤 세력도 이스라엘을 도울 수 없다고 선언하고 있습니다. 모든 시도를 다 하고 나서 결국 돌아올 곳은 하나님의 품밖에 없습니다. 우리에게 다른 길은 없습니다. 하늘을 펴고 땅의 기초를 정하신 하나님의 말씀입니다. 하나님의 능력을 인정한다는 사람들도 현실에서는 주위 사람, 특히 권력을 가진 사람들을 두려워하는 것이 사실입니다. 왜 그렇습니까?

하나님은 멀고 그 사람은 가깝게 느껴지기 때문입니다. 하나님이

내 삶을 간섭하기에는 너무 멀리 계시고, 그 사람이 내 삶을 흔들어놓는 것은 더 쉬워 보이기 때문입니다. 결국 우리는 선택을 해야 합니다. 하나님을 택할 것인지 사람을 택할 것인지 결정해야 합니다.

아담과 하와가 범죄 한 이후로 그들과 우리 모두는 모든 것을 두려워하며 살게 되었습니다. 해도 달도 바람도 물도 불도 주변 사람도 주변 나라도 무서워졌습니다. 요즘은 핵무기와 화학무기 때문에 더 살벌합니다. 올 여름 저희 교회가 물난리를 겪어서인지 쏟아지는 비도 정말 무서웠습니다.

하나님은 항상 두려워하지 말라고 하시지만 우리는 늘 두려워합니다. 위에 언급한 것뿐만 아니라 미래도 무섭고 건강도 무섭고 돈도 무섭습니다. 대인 관계도 무섭고 심지어 가족까지 무섭습니다. 이것을 어떻게 다 적을 수 있겠습니까?

하지만 이제 저는 두렵기 때문에 감사합니다. 하나님은 두려워하지 말라고 하시지만 저는 두려움 때문에 감사합니다. 두려움이 없으면 어떻게 사람들이 새벽에 기도를 할 수 있으며, 밤을 지새우며 하나님을 만나기 위해 철야 기도를 하겠습니까. 어떻게 밥을 굶어가며 기도를 하고 몇날 며칠 말씀을 읽겠다고 작정하겠습니까?

두려움이 없다면 우리가 어떻게 약한 줄 알며 어떻게 미련한 줄 알겠습니까? 아무리 성경에서 인생이 질그릇 같다고 말해도 자기가 깨지기 전에는 자신의 약함을 모르는 것이 인간입니다. 두려움이 있기 때문에 깨지기 전에 돌아보는 것 아니겠습니까?

하나님의 약속을 붙들라

계속해서 사람을 보고 살면, 온갖 종류의 두려움이 나를 집어삼키려고 듭니다. 그리고 실제로 집어삼키기도 합니다. 그렇지만 하나님의 약속을 기억하십시오. 사람 때문에 두려워하던 제가 붙든 약속을 보십시오.

"학대자의 분노가 어디 있느냐?"

때가 되면 하나님께서 학대자들을 거두어가십니다. 하나님의 때가 되었기 때문입니다. 하나님의 때를 기다리십시오. 그러면 나를 두렵게 하던 자들도 언젠가 사라질 것입니다. 기다리는 동안 믿음으로 기다릴 것인가 마냥 초조해하며 나 자신과 주변을 파괴시키며 기다릴 것인가 하는 것이 나의 몫입니다.

두려움을 주는 사람도 결국은 사라집니다. 그들이 주는 두려움도 사라집니다. 그들은 풀같이 될 사람의 아들이기 때문입니다. 그들의 힘과 영광도 잠깐입니다. 유다 민족을 포로로 잡아갔던 바벨론이 사라졌습니다. 이사야 시대에 이 예언이 이루어지리라고 생각했던 사람이 과연 몇이나 있었겠습니까. 너무 먼 미래의 이야기처럼 들렸을 것입니다. 그러나 그대로 이루어졌습니다.

또한 우리는 하나님의 임재, 즉 동행을 깨달아야 합니다. 광대하신 하나님께서 내 아버지로 내 곁에 계시다는 것을 확실하게 알아야 합니다.

이사야서 51장 12절에 "너희를 위로하는 자는 나 곧 나이니라"라는 말씀은 "내가 너희와 함께한다"라는 뜻의 다른 표현입니다. 위로하시는 하나님은 "너를 지은 자 여호와"(13절) 곧 나의 아버지이십니다.

> 만물이 그에게서 창조되되 하늘과 땅에서 보이는 것들과 보이지 않는 것들과 혹은 왕권들이나 주권들이나 통치자들이나 권세들이나 만물이 다 그로 말미암고 그를 위하여 창조되었고 골 1:16

이 말씀에 따르면, 나를 지으신 분은 예수님이십니다. 나를 지으신 예수님이 내 곁에 계시면서 내 손을 꼭 잡아주십니다. 이런 경험을 해본 적이 있으십니까?

내가 힘들 때에도 병원에 가서 아픈 사람의 손을 꼭 잡아주고 마음의 눈길을 보내보십시오. 그것만으로도 환자는 힘을 얻습니다. 얼마 전, 잘 아는 장로님 한 분이 저와 같은 간암으로 수술을 받으셨습니다. 장로님을 심방한 자리에서 그 분의 눈을 바라보는 제 눈이 촉촉해졌습니다. 깊은 공감의 눈길이자 공감의 손길이었습니다. 결국 장로님도 눈가가 촉촉해지면서 눈이 벌개졌습니다. 눈물이 뺨을 타고 흘러내렸습니다. 저는 그 분의 손을 잡고 말씀으로 위로하고 기도해드렸습니다.

어떤 특별한 일이 일어난 것이 아닙니다. 제가 그 자리에 있다는 것 자체가 그 분에게 큰 위로가 되었던 것입니다. 제게 무슨 큰 힘이 있어서인가요? 저는 단지 미약한 간암 환자일 뿐입니다. 이런 약한 사람이

같이 있다는 것으로도 위로가 되는 것을 알았습니다. 같은 마음이라는 것만으로 위로가 된다는 것을 알았습니다.

주님을 의지할 때

예수님은 어떤 분이십니까? 그분은 저와 함께하기 위해 자신의 모든 것을 버리신 분입니다. 그런 분이 제 손을 붙잡고 말씀하십니다.

"내가 너의 위로자다. 내가 너의 하나님이다. 너는 나의 백성이다. 내가 내 손으로 너를 덮겠다."

이제 저는 제 문제를 제가 짊어지고 가지 않습니다. 맡길 수 있는 분이 제 곁에 계시기 때문입니다. 대화할 수 있는 분이 제 곁에 계시기 때문입니다. 또한 단순히 같이 있어서 손만 붙잡아주는 분으로 머무르지 않으십니다.

창조주이신 그분이 저를 일으키고 세워주십니다. 성령님을 통해서도 힘을 불어넣어주십니다. 두려움에 떨었다가도 예수님의 이름 때문에 다시 힘을 얻고 일어섭니다. 그리고 걸어갈 수 있습니다. 더 나아가 사람과 어둠의 세력을 뛰어넘게 해주십니다.

시편 18편 29절을 보십시오. 제가 정말 좋아하는 구절입니다.

내가 주를 의뢰하고 적군을 향해 달리며 내 하나님을 의지하고 담을 뛰어넘나이다 다윗의 숨소리가 들리십니까? 마치 장대높이뛰기 선수가 막대기를 의지하여 새처럼 높이 날아오르듯, 다윗이 하나님을 의지하여 담을 훌쩍 뛰어넘는 모습이 보이십니까? 담을 넘고 난 후에 헉헉거리며 미소 짓고 있는 다윗이 보이십니까? 그의 땀 냄새가 느껴지십니까?

번번이 막히는 담이 다윗에게도 있었습니다. 사울이라는 담, 밧세바라는 담, 압살롬이라는 담, 이런 큰 담들에 작은 담들까지 더해져 죽는 날까지 그는 담을 뛰어넘어야 했습니다. 그는 그렇게 담을 뛰어넘으며 살았습니다.

우리도 한번 해봅시다. 눈 한번 질끈 감고 하나님을 의지하여 담을 넘어보지 않으시겠습니까?

| 동행의 약속 ; 두려울 때 |

사람은 하나님을 떠나면 두려워하게 되어 있습니다.
두려움은 하나님이 인간을 위해 심어놓으신 알람 기능입니다.

1 이스라엘이 모든 소유를 이끌고 떠나 브엘세바에 이르러 그의 아버지 이삭의 하나님께 희생제사를 드리니

2 그 밤에 하나님이 이상 중에 이스라엘에게 나타나 이르시되 야곱아 야곱아 하시는지라 야곱이 이르되 내가 여기 있나이다 하매

3 하나님이 이르시되 나는 하나님이라 네 아버지의 하나님이니 애굽으로 내려가기를 두려워하지 말라 내가 거기서 너로 큰 민족을 이루게 하리라

4 내가 너와 함께 애굽으로 내려가겠고 반드시 너를 인도하여 다시 올라올 것이며 요셉이 그의 손으로 네 눈을 감기리라 하셨더라

창세기 46장 1-4절

| 창 46:1-4 |

chapter 05 '나의 내일'이 두려울 때

미래를 쥐고 계신 분을 붙들면 내일이 두렵지 않다

알 수 없는 내일

잠자리에 누웠는데도 잠이 오지 않아 밤잠을 설쳐본 적이 있으십니까? 아니면 겨우 잠이 들었는데 불안한 생각이 들어 무거운 마음으로 잠에서 깨본 적이 있으십니까? 머리끝이 쭈뼛쭈뼛해질 정도로 걱정해본 일이 있으십니까?

이처럼 불안하고 두려움을 주는 일들이 인생에 일어나지 않기를 바라며 우리는 기도하고 또 기도합니다. 하지만 살다보면 피해갈 수 없는 일들이 생기게 마련입니다.

무엇이 우리를 이토록 두렵게 합니까? 사람들이 주는 상처 때문일 수도 있고 돈이나 재산 또는 사랑하는 사람을 잃을까 하는 마음에 그럴 수도 있습니다.

하지만 '내일'이 나를 두렵게 하는 것을 경험해보셨습니까? 암이 나를 두렵게 하기는 했지만 막연했고, 그리 감당 못할 일은 아니었습니다. 하지만 내일 무슨 일이 일어나서 아직 어린 우리 아이들이 아빠를 잃으면 어떡하나 생각하면 마음이 한없이 가라앉습니다. '아직 바람막이 아빠가 필요한 아이들인데' 하는 생각에 한동안 잠을 이루지 못했습니다.

내일을 잃어버린다는 것은 끔찍한 악몽이 될 수 있습니다. 막연히 '어제가 흘러와 오늘이 된 것처럼 내일도 그렇게 지나가겠지' 하고 태연하게 살 수 있다면 여러분은 행복한 사람입니다. 그래도 그 삶은 안락한 삶입니다. 감사하십시오.

그러나 태풍이 불어와 오늘까지 든든하게 서 있던 몇 십 년 된 아름드리나무를 내일 무너뜨릴지 어떻게 압니까? 누가 알 수 있습니까? 오늘 내 옆에 있는 사람이 내일도 내 옆에 있을지 확신할 수 있습니까? 어느 누구도 당당할 수 없습니다. 특히 저처럼 암을 가진 사람들은 내일이 두렵습니다.

미래를 생각하면 머리는 무겁고, 가슴은 답답해집니다.

"미래를 낸들 알겠는가. 알 수 없지. 아이들은 자기들이 알아서 살아가겠지."

이렇게 쉽게 말할 수 있다면 얼마나 속이 편하겠습니까? 하지만 그럴 수 없다는 것을 여러분도 아시지 않습니까? 요즘같이 조기에 정년

퇴직을 하는 사회를 겪어본 적이 없습니다. 평균 수명은 재앙처럼 길어져 살아갈 날이 고무줄처럼 늘어났는데 퇴직은 상대적으로 너무 이릅니다. 돈을 한창 벌 때는 아이들의 교육비가 천문학적으로 들어가서 채워 넣기 바쁩니다. 우리 사회는 노후 대책 마련으로 인해 불안한 사회가 되었습니다. 내일이 무섭습니다.

또한 세상은 매일 마약, 범죄, 반사회적 패륜 사건들로 신문이 채워집니다. 내일 무슨 일이 벌어질지 몰라 불안합니다. 9시 뉴스가 우리의 수명을 단축시키는 것만 같습니다. 솔직히 말해, 우리는 내일이 두려운 세상에 살고 있습니다. 우리는 내일 앞에 너무도 무능합니다. 이때 필요한 것이 무엇입니까?

미래의 주인

내 미래가 누구의 것인지 알아야 합니다. 우리는 불안한 미래 때문에 두려워할 수 있습니다. 사람은 통제할 수 없는 미래 때문에 두려워하는 존재입니다. 창세기 46장에 보면 야곱이 애굽으로 떠나는 것을 두려워하고 있습니다. 머뭇거리고 있습니다. 아들이 죽었다고 생각하며 산 세월을 생각하면 요셉을 보고 싶은 갈망이 모든 것을 뛰어넘을 만큼 크고 강력하지만, 마음 한편에는 갈등이 있었습니다.

첫째, 나이가 너무 많았습니다. 나이 든 몸으로 움직인다는 것이 불편했을 것입니다. 그의 나이가 130세였습니다. 이미 수명이 다했다고 볼 수 있는 나이에 내일 그 몸이 어찌 될지 어떻게 알겠습니까?

둘째, 야곱은 원래 가나안 땅을 떠나지 말아야 했습니다. 중요한 이유입니다. 그곳이 약속의 땅이기 때문입니다. 아브라함, 이삭, 그리고 야곱까지 이어져 내려오는 땅을 떠난다는 것이 과연 옳은가 하는 의문이 생겼습니다.

할아버지 아브라함은 기근 때 애굽에 갔다가 큰 봉변을 당할 뻔했습니다. 하나님의 말씀을 좇지 않고, 자기의 필요에 따라 움직였기 때문입니다. 그도 젊은 날 자기의 필요에 따라 잔머리 한번 굴렸다가 제대로 대가를 지불했습니다. 고향 땅으로 다시 돌아오기까지 죽을 고비를 넘기고 많은 것을 희생해야 했습니다. 이제 야곱은 더 이상 자기 필요에 따라 움직이는 사람이 아니었습니다. 더 이상 욕망에 따라 결정하지 않습니다. 그러니 걱정이 되었습니다.

'약속의 땅을 떠나면 안 되는데, 내가 떠나도 될까? 이건 불순종이 아닐까?'

이제 그는 하나님께 대한 불순종을 두려워하는 사람이 되었습니다. 그의 나이 130세에 얻은 것입니다.

셋째, 미래가 두렵기 때문입니다. 온 가족을 데리고 새로운 땅으로 간다는 것은 두려운 일입니다. 현대 사회에서도 힘든 일인데 그 시대에는 오죽했겠습니까?

'다른 자녀들은 거기서 어떻게 살 수 있을까? 무얼 먹고 살 수 있을까? 그 땅 사람들은 적대적이지 않을까? 애굽의 거대한 문화와 세속주의 물결 속에서 자녀들이 건강하게 견딜 수 있을까?'

이런저런 걱정 때문에 두려워하고 있었습니다.

이때 하나님이 말씀하십니다.

"내가… 너로 큰 민족을 이루게 하리라, 내가… 내려가겠고, 인도하여 다시 올라올 것이며, 요셉이… 네 눈을 감기리라."

제가 무엇을 말하는 것 같습니까. 하나님께서 하신 말씀 중에 동사(動詞)를 뽑아보았습니다. 동사가 무엇입니까? 쉽게 말해 행동을 나타내는 말입니다. 그런데 우리가 아무리 사랑하는 사람에게 하는 말일지라도, 아무리 진심을 담고 있다 해도 그 일이 제대로 이루어질 거라고 확신하고 쓰는 사람이 있습니까? 우리는 다 가정(假定)하고 말합니다.

"내가 너와 끝까지 함께할게(하지만 나도 사람이라 할 수 없을지도 몰라). 내가 너를 끝까지 도와줄게(하지만 도와줄 수 없을지도 몰라. 나도 사람이라서 말야)."

하지만 하나님은 다릅니다. 하나님은 그분의 입에서 나온 말은 반드시 이루시는 분입니다. 심지어 그토록 사랑하는 아들 요셉이 눈을 감겨줄 거라는 사소한 예언을 해주심으로 야곱을 위로하시는 섬세한 분이기도 하십니다.

나이에서 오는 두려움

우리도 어떤 일을 할 때, 야곱처럼 미래가 근심스러울 수 있습니다. 머뭇거릴 수 있습니다. 몇 가지를 살펴보겠습니다. 먼저 나이 때문에 갖게 되는 두려움입니다. 야곱의 경우와는 반대로 나이가 어린 것도 문제가 될 수 있습니다.

"제가 지금 이 일을 하기에는 너무 어려서 못하겠습니다."

이렇게 말할 수 있습니다.

자신을 어리게 판단해서 말할 수 있습니다. 어리면 상대적으로 가진 힘도 없고 경험도 부족하고 나이든 분들에게 건방지게 보일 수도 있어서 어리거나 젊은 것이 결격 사항이 될 수 있습니다. 그러나 주님은 크게 문제 삼지 않으시는 것 같습니다.

성경에는 나이가 어리지만 하나님의 일을 한 예들이 나옵니다. 다윗은 십대에 골리앗을 쓰러뜨리고 국민적 영웅이 되었습니다. 다니엘과 그 친구들 역시 십대에 뜻을 세워 우상에게 바쳐진 음식과 포도주를 마시지 않기로 했습니다. 이에 따를 후환을 두려워하지 않았습니다. 요시야는 8세에 왕이 되어 하나님 앞에 정직하게 행하며 그가 다스리는 동안 성전 개혁을 이뤄냅니다.

다음에는 나이가 많은 것 때문에 오는 두려움입니다. 나이가 많다는 것은 젊은 것보다 더 우울한 문제가 될 수 있습니다. 마흔을 넘기고 신체가 반응을 보이기 시작하면 우리는 우울해집니다.

그러나 긍정적인 면을 한번 보겠습니다. 많은 나이는 경험과 실력을 상징하기도 합니다. 나이가 많은 사람이 젊은 사람보다 더 지혜롭다는 것은 동서양을 막론하고 인정하는 것입니다. 최근의 연구 결과에서도 나이가 들수록 사회생활과 대인관계에서 지혜가 커진다는 것을 보여주고 있습니다.

성경에도 젊어서 하나님이 사용하신 사람도 있지만 나이가 많아서 사용하신 경우도 많습니다. 유통기한이 다 지난 것 같은 나이에 부름을 받은 사람이 있습니다. 모세도, 아브라함도 그렇습니다. 아브라함을 한번 봅시다. 그의 나이 60이 넘어서 부름을 받았습니다. 이제 안전을 취하고 물려줄 유산을 고민해야 할 나이에 새로운 땅을 향해 가라니요? 하나님이 너무하시는 것 아닙니까? 그러나 하나님은 늙은 오이처럼 시들해진 아브라함을 쓰십니다. 130세 야곱에게도 새로운 땅으로 가라고 하시지 않습니까? 모세는 80세부터 하나님의 일을 하기 시작했습니다. 요즘 식으로 말하면, 장례를 준비할 나이에 부름을 받았습니다. 모세는 분명히 하나님 앞에서 거절했습니다.

"하나님, 아시다시피 제 나이 80입니다. 말도 어눌합니다. 다른 사람을 보내세요."

그런데 하나님은 참 재미있는 분이십니다. 못 가겠다는 모세를 기어이 보내고야 마십니다. 하나님께서는 나이를 문제 삼지 않으시는 것 같습니다. 사람이 아니시기 때문입니다.

미래는 주님 손에 달려 있다!

미래를 주관하시는 분을 확신하며 나아가야 합니다. 새로운 일을 맡기실 때 주님은 약속을 해주십니다. 야곱에게도 주님이 약속해주십니다.

> 내가 거기서 너로 큰 민족을 이루게 하리라 창 46:3

하나님께서 요셉을 먼저 보내신 것은 큰 계획의 일부일 뿐입니다. 하나님은 악한 형들의 계획도 자신의 계획의 한 부분으로 사용하셨습니다. 야곱을 그 나이에 새 땅에 들어가게 하시는 것도 하나님께서 이루실 새로운 계획의 일부분입니다. 하나님은 한 나라를 세우기도 하시고, 한 나라를 없애기도 하십니다.

미래는 주님의 손에 달려 있습니다. 다니엘은 이 사실을 잘 알았던 사람입니다. 다니엘서 1장에서 6장까지의 주제는 하나입니다. 인간의 역사를 다루시는 '하나님의 큰 손'입니다. 하나님의 손은 계속해서 움직입니다. 바벨론이라는 거대한 나라를 세우셔서 이스라엘을 혼내는 막대기로 사용하셨습니다. 그러나 바벨론은 하나님의 심판을 받았습니다. 스스로 교만했기 때문입니다. 바벨론의 위대한 군주 느부갓네살은 자기가 짐승처럼 되어본 후에야 하나님께 모든 주권이 있다는 것을 고백합니다.

> 바로 그때에 이 일이 나 느부갓네살에게 응하므로 내가 사람에게 쫓겨나서 소처럼 풀을 먹으며 몸이 하늘 이슬에 젖고 머리털이 독수리 털과 같이 자랐고 손톱은 새 발톱과 같이 되었더라 그 기한이 차매 나 느부갓네살이 하늘을 우러러 보았더니 내 총명이 다시 내게로 돌아온지라 이에 내가 지극히 높으신 이에게 감사하며 영생하시는 이를 찬양하고 경배하

였나니 그 권세는 영원한 권세요 그 나라는 대대에 이르리로다 단 4:33,34

하나님께서는 한 나라의 미래를 주관하십니다. 한 나라를 주관하시는 분께서 나와 내 자녀의 미래에 대해서는 어떻게 하실까요? 마찬가지입니다. 하나님께서는 내일이 두려워 하나님을 의지하는 사람을 들어 쓰십니다. 하나님 앞에서 자신의 불쌍함과 연약함을 인정하는 자들을 사용하십니다.

누가복음 1장에서 마리아는 하나님이 연약하고 부족한 사람을 쓰시는 것을 찬양하고 있습니다. 주리는 자를 좋은 것으로 배부르게 하시며, 부자를 빈손으로 보내신다는 것이 바로 그 뜻입니다(눅 1:53).

여기서 연약하고 가난한 자는 하나님 앞에서 가난하고 연약한 자를 말합니다. 다가오는 내일이 두려운 사람들입니다. 더군다나 마리아의 경우 처녀가 잉태해서 아들을 낳는다는 것은 정말로 두려운 미래였습니다. 그런데 오히려 이것이 하나님의 복임을 깨닫습니다. 자기같이 연약하고 가난한 사람을 쓰신다는 것이 황송해집니다. 물론 모든 가난한 자가 다 쓰임 받는 것은 아닙니다. 가난한 가운데 하나님을 의지하는 법을 배우는 자가 쓰임 받습니다.

경제적으로 여유가 있으면 절절한 신앙을 갖기가 대체로 어렵습니다. 돈이 내일을 보장하는 것처럼 보이기 때문입니다. 돈이 많고 부요하면 하나님을 의지하기가 힘들어집니다. 손만 뻗으면 먹을 것이 있고, 말만 하면 되는데 궁핍할 거리가 없습니다. 하나님을 찾지 않아도 문제가 될 것 같지 않습니다. 많이 노력하지 않아도 부모가 벌어놓은 돈과 이자로만 살아도 풍족합니다. 그 사람이 하나님을 찾을까요? 어려운 일입니다.

지금 힘들고 어렵다면 하나님께 자신의 미래를 겸허하게 맡겨보십시오. 하나님께서 어떻게 일하실지는 아무도 모릅니다. 하나님께서 어떻게 길을 열어주실지 그분께 맡겨야 합니다. 미래에 하나님께서 어떤 모양으로 쓰실지, 어떤 때 쓰실지, 무슨 일로 쓰실지 우리는 알지 못합니다.

신앙의 현주소가 드러나다

두려움은 마치 폭풍이 거대한 바다와 대기를 정화시키듯 사람을 정화시키는 작용을 하기도 합니다. 저는 미래가 두렵지 않았을 때는 전혀 몰랐던 것을 두려움을 겪고 나서야 깨닫게 된 것들이 있습니다.

바로 '포기'에 관한 것입니다. 제가 사역자로 부르심을 받고 나서 나름대로 포기한 것들이 있습니다. 저는 미국에서 사역을 하다가 한국 사역이 좋아 시민권을 포기했습니다. 교회를 개척한 후에는 아무도 없는 낯선 곳이 나의 사역지라는 사명 때문에 10년간 목회한 지역을 포기했습니다. 또 암이 발병한 후에는 목회에만 전념하기 위해 대학원 교수직을 포기했습니다.

그때마다 고민을 한 적이 별로 없습니다. 목회가 내 사명이라면 사도 바울처럼 모든 것을 배설물로 여기는 정도까지는 아니더라도 목회를 제외한 나머지는 별것 아니라는 생각을 했습니다. 교회보다 더 중요한 일은 없었습니다. 그리 어려운 일이 아니었습니다. 하지만 마음속에 새로운 의(義)가 생겨나고 있다는 것을 몰랐습니다. 나름 훌륭한 사역자라는 의가 마음속에 똬리를 틀기 시작했습니다. 그리고 내가 교회를 위해 희생했던 모든 것을 언젠가는 하나님이 다 갚아주실 것이라고 생각하기 시작했습니다. 지극히 이기적인 보상 심리가 제 속에 있다는 것을 제가 어떻게 알 수 있었겠습니까.

그러나 제가 암에 걸리고 미래가 불투명해지기 시작하자 의심이 들기 시작했습니다.

'이러다 내 목회가 여기서 끝나는 것은 아닐까? 여기서 끝나면 안 되는데….'

급기야 분노가 제 속을 채우기 시작했습니다. 여기서 끝난다고 생각하니 미래가 두려웠습니다. 제 삶도, 목회도, 가정도 미래가 보이지 않았습니다. 그제야 저 자신을 돌아보기 시작했습니다.

하나님은 한 번도 제가 목회를 위해 희생하면 그것들을 보상해줄 거라고 약속해주신 적이 없었습니다. 사역자의 길은 고난과 희생의 길이라고, 예수 그리스도의 길을 좇아가는 길이라고 말씀하셨지, 네가 희생하고 계획하는 대로 다 채워준다고 말씀하신 적이 없었습니다. 저는 하나님을 진심으로 사랑한 것이 아니었습니다. 하나님이 채워주실 '빛나 보이는 그 무엇'을 사랑한 것이었습니다.

진짜 두려움을 맛보고 나서야 제 속에 진짜 무엇이 있는지를 알았습니다. 제게 하나님이 채워주신 것이 있습니다. 바로 주님의 함께하심이었습니다. 확실히 약속해주신 것은 '주님의 동행'입니다. "내일 네가 어떤 일을 겪든지 내가 너와 함께하겠다"라고 하나님께서 약속하셨습니다. 주님이 동행하십니다. 언제나, 어디서나 주님은 우리와 함께하십니다.

내가 함께하겠다!

하나님께서는 친히 야곱과 함께 애굽으로 내려가겠다고 약속하셨습니다.

> 내가 너와 함께 애굽으로 내려가겠고 반드시 너를 인도하여 다시 올라올 것이며 창 46:4

저는 이 말씀에서 큰 감동을 받았습니다. 이 말씀은 단순히 야곱에게만 하신 약속이 아닙니다. 야곱의 자손 모두에게 해당되는 말씀입니다. 다시 애굽에서 나온 것은 야곱이 아니라 야곱의 자손들이기 때문입니다. 그렇다면 하나님은 400년 동안 애굽에서 야곱과 그의 자손들과 함께 계셨다는 말씀입니까? 문자 그대로 믿을 수 있습니까?

저는 문자 그대로 믿습니다. 하나님은 어떤 식으로 함께 계셨는지 밝히지 않으셨지만, 그들과 함께 계셨습니다. 특별히 이스라엘 자손들이 머물렀던 고센 땅을 지켜주셨습니다. 일종의 보호막과 같았습니다. 하나님께서 큰 손으로 덮고 계셨습니다. 병아리 새끼를 품고 있는 암탉의 모습과도 비슷합니다. 하나님은 정말 야곱과 함께 애굽으로 내려가셨습니다. 그리고 400년 동안 그들과 함께 그곳에 계셨습니다. 큰 날개로 덮으시며 보호하고 양육하셨습니다.

"내가 너와 함께 내려갈 것이다"라는 약속만큼 강한 약속이 어디 있습니까?

미국 캘리포니아 주립대학을 졸업하고 신학을 어디에서 공부해야 할지 고민하던 때의 일입니다. 로스앤젤레스에 있는 학교와 댈러스에 있는 학교가 최종 후보에 올랐습니다. 로스앤젤레스에서 공부하기로 결정한다면 등록금만 마련하면 신학교에 다닐 수 있었습니다. 그런데 댈러스로 가면 등록금 외에 기숙사비도 내야 했습니다. 돈이 두 배로 들어가기 때문에 고민이 되었습니다.

하지만 마음으로는 댈러스에 가기 위해 계속 기도하고 있었습니다. 하나님은 자꾸만 광야같이 아는 사람 없고 낯선 곳으로 제 마음을 움직이셨습니다. 그곳에서 하나님을 제대로 만나고 싶은 마음이 꿈틀거렸습니다. 더구나 댈러스신학교는 당시 성경강해로 최고의 명성을 얻고 있었습니다.

같이 기도해주시던 분의 응답과 함께 결심을 하고 댈러스를 선택했습니다. 딱 한 학기만큼의 돈을 들고 갔습니다. 한 학기가 끝날 즈음에는 그 다음에 필요한 한 학기만큼의 돈이 생겼습니다. 교회 전도사로 사역하면서 밤이면 빌딩 바닥 청소를 했습니다. 어떤 때는 유리창을 닦아서 돈을 벌기도 했습니다. 이런 이야기라면 밤이 새도록 이야기할 수 있습니다.

제가 공부한 신학 석박사 8년 과정은 이런 일들의 연속이었습니다. 진짜 찡하게 감사한 것은 그동안 한 끼도 굶지 않았다는 사실입니다. 덤으로 자랑을 하자면 성적도 꽤 괜찮았습니다. 하여튼 일하며 공부할 때 하나님께서 다 공급해주셨습니다. 제 능력 이상으로 채워주셨습니다. 제가 믿음으로 발을 내디딜 때, 하나님께서 같이하신다는 것을 경험한 것은 신학 공부 이상의 것이었습니다. 약할 때 더 깊이 주님을 의지하는 법을 배울 수 있습니다.

하나님을 두려워한 야곱

우리는 야곱의 생애를 좀 더 살펴보아야 합니다. 야곱의 생애를 한마디로 말하면 '하나님과의 동행'이라고 할 수 있습니다. 야곱은 지극히 인간적이었으며 자기 본능에 충실한 사람이었습니다. 꾀도 쓰고 욕심도 부렸습니다. 그런데도 야곱을 이스라엘로 만든 것은 '하나님에 대한 두려움'이었습니다.

야곱이 두렵다는 말을 처음으로 쓴 것은 형 에서에게 쫓겨 광야에서 밤을 새면서 하나님을 만났을 때입니다.

> 두렵도다 이곳이여 이것은 다름 아닌 하나님의 집이요 이는 하늘의 문이로다 창 28:17

그는 다음날 아침, 돌기둥을 세워 하나님의 임재를 기념했습니다. 하나님의 축복이야말로 진짜라는 가정(그가 장자권을 팥죽으로 살 때, 그 축복은 마치 제가 하나님이 채워주시기를 기대했던 반짝이는 그 무엇과 비슷했을 거라는 생각이 듭니다)이 진짜 실현되는 것을 보고 배우며 살았습니다.

자신의 미래가 하나님과 하나님의 약속에 달려 있다는 것을 알았습니다. 그래서 형의 장자권을 탐했습니다. 그 축복이 너무 탐났기 때문입니다. 그 방법은 야비하다고 비난받아 마땅하지만 그가 추구했던 것은 칭찬받을 만합니다. 그가 쓴 방법의 비열함에 대해서는 나중에 충분히 대가를 지불하게 됩니다. 하지만 야곱은 하나님의 것에 중심을 두었습니다. 하나님의 것을 소중히 여길 줄 아는 것이 중요합니다.

그런 그가 하란으로 도망을 갑니다. 그때 하나님께서 벧엘에 나타나십니다. 그는 하나님 앞에서 완전히 순복한 사람이 아니라 여전히 하나님과 거래하는 사람이었습니다. 하나님을 의식하며 살지만 하나님의 주권에 완전히 맡기지는 못했습니다. 나를 이곳으로 안전하게 돌아오게 하시면, 여기서 다시 하나님을 섬기겠다고 약속합니다.

> 내가 평안히 아버지 집으로 돌아가게 하시오면 여호와께서 나의 하나님이 되실 것이요 내가 기둥으로 세운 이 돌이 하나님의 집이 될 것이요
>
> 창 28:21,22

그리고 하란에서 죽을 고생을 합니다. 비록 미래가 두려운 가운데

도망을 나오지만, 하나님의 도움으로 무사히 가나안 땅으로 돌아올 수 있었습니다. 가나안 땅에 돌아올 때도 숱한 고난을 당했습니다.

그때마다 그는 하나님을 찾았습니다. 얍복강에서 하나님과 씨름하던 것은 그의 신앙의 분수령이 됩니다. 하나님과 씨름합니다. 비록 그가 하나님을 이겼다고는 하지만, 그는 졌습니다. 환도뼈가 다쳐서 진 것이 아닙니다.

그는 그제야 깨달았습니다. 하나님께서 자신과 동행하셨다는 것을 깊이 깨닫게 되었습니다. 자신에게 새로운 이름을 주시기 위해 씨름하셨다는 것을 알았습니다. 절뚝거리는 야곱은 이제 새롭게 태어납니다. 자신이 험악한 세월을 보냈다는 그의 고백에는 세월의 깊이가 묻어납니다.

> 야곱이 바로에게 아뢰되 내 나그네 길의 세월이 백삼십 년이니이다 내 나이가 얼마 못 되니 우리 조상의 나그네 길의 연조에 미치지 못하나 험악한 세월을 보내었나이다 창 47:9

그가 에서의 것을 탐할 때, 자신의 미래에 이런 험악한 세월을 염두에 두었겠습니까? 젊은 날의 그는 하나님의 축복을 로또 복권처럼 생각한 것은 아니었을지 생각해봅니다. 그는 그 세월을 겪으며 변해갔습니다. 성숙해지고 진지해졌습니다. 하나님의 축복이 무엇인지 알아가게 되었습니다. 그의 유언에는 사랑하는 요셉을 향한 마음이 담겨 있습니다. 그는 하나님과의 동행을 요셉에게 물려줍니다.

약할 때 주님을 의지한다

다시 창세기 46장으로 돌아오겠습니다. 46장은 이렇게 변한 야곱의 기도를 기록하고 있습니다. 예전 같으면 먼저 행동하고 기도했을 것입니다. 아니면 행동하면서 기도했을 것입니다. 아마도 실수를 저지르고 난 후에 그에 대한 대가를 지불하면서 배웠을 것입니다. 그러나 야곱이 달라졌습니다. 하나님의 뜻을 구하고 있습니다. 그러자 하나님이 나타나셔서 그와 함께하겠다고 약속해주셨습니다. 이제 그는 다리를 절뚝거리지만, 오히려 하나님을 의지하는 사람이 되었습니다. 약할 때 주님을 더욱 의지하게 되었습니다.

우리도 약할 때 하나님과의 동행을 깊이 경험할 기회가 생깁니다. 두발로 걸을 때보다 절뚝거릴 때 하나님을 더 깊이 의지할 수 있습니다. 두 발로 딛고 내 힘대로 사는 것보다 절뚝거리면서 하나님의 힘을 의지하고 사는 것이 더 좋습니다. 다 있는 것보다 무언가 하나 없어서 하나님을 의지하는 것이 낫습니다. 없는 것을 마저 채워달라고 애원하지 마십시오. 하나님께서 야곱의 환도뼈는 고쳐주시지 않았습니다. 이것을 고쳐달라고 떼쓰면, 그 사람은 하나님의 뜻과 인도하심을 모르는 사람입니다.

우리는 바울에게 있던 가시를 압니다. 바울은 그 가시를 위해 진지하고 간절하게 기도했습니다. 그런데 하나님께서는 고쳐주시지 않았습니다. 그런 그에게 이런 말씀이 들려왔습니다.

> 내 은혜가 네게 족하도다 이는 내 능력이 약한 데서 온전하여짐이라
> 고후 12:9

여기서 '족하다'는 것은 "풍성하다", "만족할 만하다"라는 뜻입니다. 하나님은 바울이 약할 때 오히려 자신의 은혜를 더 의지한다는 것을 아셨습니다. 풍족한 은혜를 더 경험한다는 것을 아셨습니다. 주님이 바울의 내일을 붙잡고 계십니다. 우리는 내 생각대로 되어야 내일이 안전할 것이라고 생각합니다. 건강도 내가 생각하는 대로, 사업도 내가 생각하는 대로, 자녀 양육도 내가 생각하는 대로…. 무엇 하나 어긋나면 안절부절못합니다.

모든 것이 톱니바퀴 돌아가듯 그렇게 한 치의 오차도 없이 멋지게만 돌아가던가요? 아닙니다. 환도뼈가 무너져 내려 절뚝거릴 때가 있습니다. 그런데 그것 때문에 하나님을 더욱더 찾습니다. 다가오는 내일이 불안할 때가 있습니다. 걱정이 태산처럼 쌓일 때가 있습니다. 그때 환도뼈를 절며 하나님 앞에 선 야곱을 기억하십시오.

"하나님, 제 미래가 걱정됩니다. 우리 식구들의 미래가 걱정됩니다. 주님, 어떻게 해야 할까요? 우리 자녀들의 앞길을 인도해주세요."

그러면 하나님께서 우리를 꽉 붙잡고 함께 가실 것입니다.

하나님께 맡기는 인생

내가 주관할 수 없는 미래를 향해 걸어가려면 두려움이 앞섭니다. 더군다나 새로운 일을 하려면 두려움이 앞섭니다. 그런데 신실하신 하나님께서는 하나님의 뜻대로 걸어가는 사람의 발걸음마다 함께해 주시겠다고 약속하셨습니다. 미래는 하나님의 주관 아래 있습니다. 더군다나 그 미래를 향해 걸어가는 걸음마다 주께서 손 붙잡고 같이 걸어가겠다고 하시니 얼마나 황송한 마음입니까?

"네가 내려가면 내가 같이 내려가겠다. 네가 올라가면 내가 같이 올라가겠다. 네가 홀로 있어 외로울 때, 내가 바로 네 곁에 있겠다. 아무도 너의 답답한 마음을 알아주지 않을 때, 내가 너의 마음을 헤아리겠다. 너에게 말해주겠다."

따라서 우리는 내일을 두려워할 필요가 없습니다. 어떤 일이 일어나더라도 두려워하지 말아야 합니다. 내일은 내 것이 아닙니다. 하나님의 것입니다. 우리는 다만 맡기고 걷습니다.

"누구와 함께입니까? 주님과 함께!"

그것이 전부입니다.

내일이 제일 두려운 사람이 있다면, 바로 저 자신일 수 있습니다. 저는 3개월마다 간암 상태를 확인하기 위해 CT촬영을 하러 병원에 갑니다. 그때마다 제 마음은 시한부 인생을 사는 느낌입니다. '남들은 평생에 한 번 찍을까 말까 하는 촬영을 이렇게 자주 해야 하나?' 하는 생각이 듭니다. 미래에 무슨 일이 생길지 가장 걱정하고 두려워해야 할 사람이 있다면, 바로 저일 것입니다.

그러나 이제 저는 두렵지 않습니다. CT를 찍을 때마다 편한 마음으로 찍습니다. 어차피 CT촬영을 한다고 병이 낫는 것도 아니고, 제게 병을 더하는 것도 아니지 않습니까? 나의 몸을 주관하고 있는 힘은 저 자신이 아닙니다. 더군다나 암세포도 아닙니다.

하늘과 땅의 주인이시고, 인간 역사의 주인이시며, 모든 삶과 죽음의 주인이신 바로 나의 주 예수 그리스도가 주관자이십니다. 주님이 제 삶을 주관하실 뿐 아니라 함께하십니다. "두려워하지 말라. 내가 너와 함께하겠다. 내가 너를 돕고 네 일생을 인도하겠다"라고 약속하셨습니다. 저는 저와 제 가정과 교회의 미래에 대해 하나님께 맡겨놓았습니다.

"주님, 목회의 모든 것을 주님께 맡깁니다. 생명을 주시는 한 이 교회와 성도들을 섬기겠습니다. 혹 더 건강을 주셔서 선교지로 보내신다면 어디로 보내시든지 그곳으로 가겠습니다."

저는 이렇게 기도하고 있습니다.

제 미래는 주님의 손에 달려 있기 때문입니다. 사명이 있다면 살리실 것이고, 사명을 다했다면 데려가실 것입니다. 오늘 사명이 있는 한 내일이 두렵지 않습니다.

야곱은 그가 두려워했던 애굽에서 17년을 더 살았습니다. 그 17년은 행복한 시간이었습니다. '130년만의 행복'이라니, 무슨 영화 제목 같지 않습니까? 하나님이 함께하심으로 그의 마지막 17년은 행복했습니다. 자손들이 애굽 땅에서 쭉쭉 번성하면서 커가는 것을 보았습니다. 그리고 그는 열두 지파에게 미래를 예언하고 축복하고 눈을 감습니다. 그의 장례식에 온 애굽이 함께했습니다. 마치 국장(國葬) 같은 장례식이었습니다.

늘 움켜쥐려고 했던 야곱! 그는 하나님의 황태자로서 마지막을 잘 장식했습니다. 끝이 시작보다 나은 인생을 살았습니다. 그의 마지막은 모든 미래를 하나님께 맡기고 산 시간이었습니다. 심지어 자기 자신과 자식들이 어떤 일을 할지에 대해서도 하나님께 기도하고 맡기고 살았습니다. 그의 예언은 그의 기도 내용으로 보아도 무방합니다. 내일을 두려워하지 마시고, 야곱의 마지막 생애처럼만 사십시오.

| 동행의 약속 ; 두려울 때 |
우리는 내일을 두려워할 필요가 없습니다.
내일은 내 것이 아니라 하나님의 것이기 때문입니다.

1 하나님은 우리의 피난처시요 힘이시니 환난 중에 만날 큰 도움이시라

2 그러므로 땅이 변하든지 산이 흔들려 바다 가운데에 빠지든지

3 바닷물이 솟아나고 뛰놀든지 그것이 넘침으로 산이 흔들릴지라도 우리는 두려워하지 아니하리로다 (셀라)

4 한 시내가 있어 나뉘어 흘러 하나님의 성 곧 지존하신 이의 성소를 기쁘게 하도다

5 하나님이 그 성 중에 계시매 성이 흔들리지 아니할 것이라 새벽에 하나님이 도우시리로다

6 뭇 나라가 떠들며 왕국이 흔들렸더니 그가 소리를 내시매 땅이 녹았도다

7 만군의 여호와께서 우리와 함께하시니 야곱의 하나님은 우리의 피난처시로다 (셀라)

8 와서 여호와의 행적을 볼지어다 그가 땅을 황무지로 만드셨도다

9 그가 땅끝까지 전쟁을 쉬게 하심이여 활을 꺾고 창을 끊으며 수레를 불사르시는도다

10 이르시기를 너희는 가만히 있어 내가 하나님 됨을 알지어다 내가 뭇 나라 중에서 높임을 받으리라 내가 세계 중에서 높임을 받으리라 하시도다

11 만군의 여호와께서 우리와 함께하시니 야곱의 하나님은 우리의 피난처시로다 (셀라)

시편 46편 1-11절

|시 46:1-11|

chapter 06 '나의 환경'이 두려울 때

흔들리는 세상에서 나를 세우시는 분을 의지하라

더 이상 안전하지 않다

아마존의 산림은 지금도 깎여가고 있고, 태평양에는 남한의 14배 크기의 쓰레기 섬이 생겼으며, 바다의 수산물은 50년 후에는 사라져 먹지도 못한다고 합니다. 오존층은 갈수록 얇아져 피부암을 유발하며, 지진과 태풍의 강도는 점점 강해지고 있고, 북극의 얼음은 계속 녹아내리고 있습니다.

시편 기자는 마치 이 시대를 보고 있는 것처럼 묘사하고 있습니다. 땅이 변하고 산이 흔들리고 있습니다. 바닷물이 뛰놀고 넘쳐서 산이 흔들립니다. 지금 창밖으로 보이는 평화스러운 날이 과연 얼마나 갈지 두려움이 생깁니다. 평균 수명까지 길어진 요즘, 우리 세대에서 이 재앙들을 목도하게 되는 것은 아닌지 두렵습니다. 환경오염 때문인지 암 발병률은 점점 높아지고, 또 검사 기술의 발달로 더욱 그렇게 느껴지기도 합니다. 하여튼 무서운 세상입니다. 이 맑고 푸른 하늘이 꼭 공포를 가득 품은 것처럼 느껴집니다.

지난 8월 한 달 동안 서울에 비가 온 날이 23일이라고 합니다. 맑은 하늘을 제대로 본 기억이 없습니다. 습하고 무더운 여름이었습니다. 맑은 공기를 찾아 교회에 양해를 구하고 북한산 자락에 있는 아파트로 이사를 왔는데 산 중턱에 얹혀 있는 물 폭탄 속에서 살아야 했습니다. 지독하게 습했습니다.

추석 연휴 때 내린 기습 폭우로 교회에 물이 들어왔다는 전화를 받고 놀라서 달려갔습니다. 정원에 고인 물이 급격히 내리는 비를 감당하지 못하고 넘쳐서 교회로 흘러 들어간 것이었습니다. 부리나케 달려온 7명의 남자 성도들과 함께 바닥에 흥건한 물을 열심히 훔쳐야 했습니다. 명절인데도 달려온 성도들을 생각하면 희망이 생기지만 속은 많이 상했습니다. 이 비에 교회가 이렇게 젖다니! 그런데 다음 날 신문에 실린 기사에 광화문 지하보도에 고인 물을 보니 '우리 교회는 아무것도 아니었구나' 하는 생각이 들었습니다.

'그래, 그만하니 우리는 감사하네.'

비교하고 나서야 감사하다니, 참으로 간사합니다.

하여튼 요즘 세상은 정상이 아닙니다. 백 년에 한 번 있을까 하는 일들이 도처에서 수시로 일어나고 있습니다. 여러 가지 재앙들로 인해 지구가 곳곳에서 신음하고 있습니다.

피할 곳이 있다!

우리는 이런 재앙들을 통해 이 세상은 더 이상 안전한 곳이 아니라는 것을 다시 한 번 배웁니다. 세상이 흔들립니다. 두렵습니다. 지금까지 두려움의 대상과 두려움의 상황들에 대해 이야기했습니다. 그런데 시편 46편에 이런 선포가 나옵니다.

우리는 두려워하지 아니하리로다 시 46:3

왜입니까? 피난처, 힘, 환난 중에 만날 큰 도움이 있기 때문입니다. 우리에게 피할 곳이 있고, 힘이 있고, 큰 도움이 있는데 왜 두려워하느냐는 것입니다. 그렇다면 대재앙도 아닌데 주변이 흔들리고 환경이 흔들릴 때 두려워하는 우리는 무엇입니까? 못나서 그렇습니까? 그렇습니다. 우리는 못났습니다. 평소에는 잘 모르고 삽니다. 오히려 우리가 잘난 줄 압니다. 몸에 기름기가 흐릅니다. 여유가 있습니다. 그런데 흔들릴 때 비로소 우리가 얼마나 모자라는지를 깨닫습니다. 얼마나 못났으면 평소에 잘난 줄 알고 살다가, 흔들릴 때 어디로 가야 할지 몰라 우왕좌왕합니다.

주님은 이렇게 부족한 우리를 위해 시편 46편을 준비해주셨습니다. 시편 46편은 우리의 것입니다. 두려워하지 말라고, 너희에게 피난처가 되어주고 힘이 되어주고 큰 도움이 되어주겠다고 하시는 것입니다. 두려워하지 않겠다고 지금 선포해보십시오.

하나님이 그 성 중에 계시매 성이 흔들리지 아니할 것이라 시 46:5

한번 눈을 감고 상상해보십시오. 세상이 흔들리고 녹아내리고 있습니다. 지평선 끝이 마치 엿가락 녹아내리듯 사라지고 있습니다. 세상은 공포에 떨고 있습니다. 점점 그 재앙이 가까이 옵니다. 숨이 막힐 듯 두렵습니다. 그런데 어느 순간 갑자기 흔들림이 멈추게 됩니다. 바로 하나님의 성 앞입니다. 하나님이 그 성 중 보좌에 앉아 요동치는 것을 지켜보고 계십니다. 그 앞에서는 요동이 어쩌지를 못하고 범하지를 못합니다.

하나님과 함께 성 안에 있는 우리는 안전하다는 것을 말해줍니다. 단순히 안전한 것이 아니라 평안하고 안전하다고 합니다. 그리고 평안하고 안전한 것보다 더 중요한 무엇이 있다고 합니다. 바로 하나님께서 우리 하나님이 되심을 아는 것입니다. 흔들리는 세상에서 하나님의 임재를 배우고, 그 임재 안에서 하나님을 배웁니다. 흔들리는 세상에서 주님은 우리와 함께하십니다.

세상을 흔드시는 하나님

하나님은 세상을 흔드십니다. 지진을 경험해본 적이 있습니까? 미국 LA에 있을 때, 진도 3.5도의 지진을 경험한 적이 있습니다. 한 5-10초 정도 되었을까요? 그 순간 너무 황망해서 그 찰나의 순간이 길고도 길게 느껴졌습니다. 얼마나 놀랐는지 식은땀이 등에서 줄줄 흘러내렸습니다. 그때 마침 몸이 좋지 않아 침대에 누워 있었는데, 흔들리는 침대에서 떨어질까 무서워 침대를 꼭 붙잡고 공포에 떨었습니다. 얼마나 세게 붙잡고 있었는지 모릅니다. 그래서 지진이라면 두려움이 앞섭니다. 더 이상 상상 속의 공포가 아니라 직접 체험한 공포가 되었습니다.

지진 강도 3.5도가 이 정도인데, 7.0이 넘으면 얼마나 심하겠습니까? 그런데 진도 7.0 이하는 관심도 못 받는 세상이 되었습니다. 지구촌에서 2009년에 규모 7.0 이상의 지진이 발생한 횟수가 11회라고 합니다. 아이티 지진이 진도 7.0이었고, 쓰촨 성 지진은 진도 8.0의 강진이었습니다.

시편 46편은 엄청난 지진이 한 지역을 덮친 모습을 연상시킵니다. 단지 자연적인 지진만을 말씀하고 있습니까? 아닙니다. 우리 인생이 지진처럼 무너져 내릴 수 있다는 것을 암시하고 있습니다. 내가 의지하던 모든 것이 갑작스레 대책 없이 무너져 내릴 수 있다는 것을 강하게 말씀합니다. 인생은 허무하게 사라지고 업적도 무너집니다. 권세도 한때고 인기도 사라집니다. 한 시대를 풍미한 유명한 가수, 영화배우들을 우리는 지금 얼마나 기억하고 있습니까? 건강이요? 언제든지 무너질 수 있습니다. 지진이 모든 것을 앗아가듯, 단단하다고 여기고 살았던 발판이 사라지는 때가 옵니다. 다 흔들리고 사라집니다. 이 땅 위에 영원한 것은 아무것도 없습니다.

언뜻 보면, 세상이 스스로 흔들리는 것 같습니다. 자연 현상으로도 설명할 수 있습니다. 인도판이 중국판을 밀어 올려 히말라야 산맥이 생성되고, 그 너머에 큰 지진이 생긴다고 설명할 수 있습니다. 맞는 설명입니다. 세상의 설명은 보이는 현상과 합리적인 연구를 바탕으로 합니다. 그러나 믿음의 사람은 세상을 흔드시는 하나님의 손길을 볼 수 있습니다.

새벽에 도우시리로다

한때 제 '인생의 포도주'가 바닥난 적이 있습니다. 앞에서 언급했지만, 연이어 사건들이 터지고 구안괘사로 낙심되어 있었습니다. 한 달 뒤에 결혼식 주례가 예정되어 있었는데, 제가 꼭 주례를 해야 하는 중요한 결혼식이었습니다. 그런데 얼굴은 돌아가 있고 입술은 비뚤어져 있으니 마음은 바닥을 치고, 나오는 것은 한숨뿐이었습니다. 얼굴신경이 바닥나고, 목회 능력도 바닥나고, 미래에 대한 계획도 바닥이 났습니다. 저는 인생의 가장 어두운 밤을 지나고 있었습니다. 이때 '주의 포도주'를 어느 때보다 갈망했습니다. 무릎을 꿇고 제 갈증을 호소했습니다. 주님은 그 갈증을 불쌍히 여기며 채워주셨습니다.

지금 어두운 밤을 지나고 계시다면 새벽을 기다리십시오. 새벽에 주님이 도우실 것입니다.

새벽에 하나님이 도우시리로다 시 46:5

새벽이 소중한 또 다른 이유는 모든 것이 잠든 시간에 예수님께 집중할 수 있기 때문입니다. 환경이 나를 두렵게 할 때, 새벽은 주님을 만나는 시간을 대표합니다. 세상에 찌든 사람은 새벽을 깨울 수 없습니다. 세상일에 만족하는 사람도 새벽을 깨울 수 없습니다. 텔레비전에 빠진 사람도 새벽을 깨울 수 없습니다. 텔레비전 프로그램이 잠자는 동안 내 무의식의 세계를 지배하기 때문입니다. 그러나 새벽을 깨우는 사람은 지금 절박합니다. 흔들리는 세상에서 나를 든든하게 세우시는 주님을 찾고 있습니다.

"와서… 볼지어다."

무엇을 보라는 말입니까? 여호와의 행적을 보란 뜻입니다(시 46:8). 무엇이 여호와의 행적입니까? 그가 땅을 황무하게 하셨습니다. 여기저기서 하나님이 행하시는 흔적을 보아야 합니다. 지금은 지엽적이지만, 언젠가 우주가 녹아내리고 흔들리는 때가 옵니다. 그때는 누구를 도와주고 말고가 없습니다. 중국에서 일어난 지진이 엄청난 재앙이기는 했지만, 다른 지역과 다른 나라에서 도와줄 수 있었습니다. 그런데 성경은 이런 사건이 단지 그림자 정도에 불과하다고 표현합니다. 미래에 일어날 일은 과거에 있는 것들이 별것 아닌 것처럼 느껴지게 할 것입니다. 하나님은 이 우주를 흔드실 것입니다. 지금은 단지 그림자 같은 사건들입니다.

왜 그렇게 하십니까? 사람의 마음속에 하나님을 위한 공간이 없기 때문입니다. 많은 사람들이 하나님을 의식하지 않고 삽니다. 영원한 세계를 보지 않습니다. 하나님 없이 산다는 것은 하나님의 존재를 믿지 않는다는 말이 아닙니다. 그의 생활 속에 하나님이 개입할 공간을 주지 않는다는 말입니다. 그래서 하나님을 자기 마음대로 대우합니다. 달면 삼키고, 쓰면 뱉는 대상이 되었습니다.

이제 사람들이 하나님의 개입을 원치 않아도, 하나님께서 강제적으로 개입하실 때가 올 것입니다. 하나님께서는 어려운 일이나 고난을 통해 하나님의 존재를 알려주십니다. 그래도 많이 힘들이지 않고 하나님께 나올 수 있다면 다행입니다. 어떻게든 하나님이 존귀한 분이심을 아는 자는 행복한 사람입니다. 인생의 의미를 알기 때문입니다.

하나님 없이 쌓아놓은 인류 문명에 대해 하나님께서 심판하실 때가 옵니다. 그때 하나님께서 현재의 세상을 흔드실 것입니다. 지금은 조금씩 흔드십니다. 경고하시는 시간이기 때문입니다. 하나님을 바라볼 기회를 주십니다. 그러나 결정적인 때가 오면, 더 세차게 흔드실 것입니다.

가만히 하나님을 바라보라

우리는 하나님의 경고를 보면서, 두려운 때를 어떻게 보내야 할지 깊이 묵상해보아야 합니다.

> 형통한 날에는 기뻐하고 곤고한 날에는 되돌아보아라 이 두 가지를 하나님이 병행하게 하사 사람이 그의 장래 일을 능히 헤아려 알지 못하게 하셨느니라 전 7:14

전도서 기자는 고난의 때에 깊이 생각하라고 권고하고 있습니다. 생각할 겨를이 없는 고난도 있습니다. 생각할 겨를이 있다면, 그래도 다행입니다. 인생이 지진이 난 것처럼 흔들리고 지반이 무너져 내릴 때, 그때가 주님을 생각할 때입니다.

암 발병 초기에 쓴 글의 일부분입니다.

"주님, 제게 능력을 베풀어주소서.
치열한 영적 전투에서 성도들을 승리로 이끌 수 있도록
주님의 능력을 채워주소서.
제가 싸우고 있는 약함, 병, 미련함에서 승리를 얻을 수 있게
능력의 팔로 나를 붙들어주소서.
앞으로 저를 어떤 전쟁터로 보내실 건가요?
제 몸에 주의 사인(Sign)을 주시고, 주의 손으로 제 손을 가르치소서.
제가 가야할 길, 제 사명, 제가 설 자리를 알려주소서."

우리는 우리와 함께하시는 하나님을 알아야 합니다. 하나님 앞에서 조용히 하고 그분만을 바라보아야 합니다.

너희는 가만히 있어 내가 하나님 됨을 알지어다 시 46:10

여기서 가만히 있으라는 말은 "네 발걸음을 멈춰라. 말하는 것도 멈춰라. 마음속의 많은 계획과 염려들을 기억하지 마라. 그리고 단순하게 나를 바라보라"라는 뜻입니다. 가만히 하나님을 알아가라는 뜻입니다. 하나님이 얼마나 존귀한 분이신지 알아가라는 뜻입니다. 하나님을 존귀하게 대우해드려야 한다는 뜻입니다. 하나님을 두려워한다는 것은 하나님이 무서워 떤다는 뜻이 아닙니다. 하나님을 두려워한다는 것은 하나님을 존귀하게 여긴다는 뜻입니다.

그렇다면 하나님을 삶의 최우선 순위에 두어야 합니다. 하나님을 최우선 순위에 놓는다는 것은 하나님을 제일 사랑한다는 말입니다. 사랑하면 항상 우선순위가 첫 번째입니다. 지금 내가 가장 우선순위에 두는 것이 무엇입니까? 제일 먼저 생각나는 것이 무엇입니까? 바로 그것입니다. 사랑하는 사람이 우선순위에 있다면 그 사람이 제일 먼저 생각날 것입니다. 돈이라면 돈 벌 생각에 모든 관심을 쏟을 것입니다. 출세라면 출세에 모든 생각이 집중될 것입니다. 제일 사랑하는 것이 가장 먼저 생각납니다.

하나님이 모든 것의 최우선 순위라면, 모든 일을 하나님 앞에서 생각합니다. 내 사업을 생각할 때, 하나님 앞에서 생각해야 합니다. 직장 생활도 하나님 앞에서 해야 합니다. 그래야 의미가 있습니다. 걷다가도 일하다가도 쉬다가도, 하나님을 의도적이고 의식적으로 생각하고 찾으십시오. 멋진 동행이 시작될 것입니다. 하나님을 존귀하게 대우하는 삶이 자리 잡을 것입니다. 우리는 가만히 있어 하나님이 하나님 되심을 알아야 합니다.

하나님이 말씀하시도록 우리는 귀를 기울여야 합니다. 물론 살다보면, 맞닥뜨린 상황을 이해하지 못할 때가 있습니다. 의심과 부정이 올라와 숨이 막힐 때가 있습니다.

'꼭 이렇게까지 고통을 겪어야 하나? 왜 하필 나여야만 하지?'

저인들 이런 생각들로 괴롭지 않았겠습니까? 어둠의 감정들이 나를 사로잡을 때가 있습니다. 그때에도 함부로 말을 하지 말아야 합니다. 하나님은 때로 조용히 침묵을 지키고 계십니다. 하나님께서 조용히 계신다고 해서 일하지 않고 계신다고, 말씀하지 않으신다고 여겨서는 안 됩니다. 함부로 말하지 말아야 합니다. 주님께서 세미한 음성으로 말씀하실 때 들을 수 있도록 조용히 기다리십시오. 귀를 기울이십시오.

주님과 함께하는 평안한 시간

모든 환경이 두려움으로 다가올 때, 시편 46편을 기억하십시오. 재앙의 한가운데서 하나님이 나와 함께하심을 기억하십시오. 하나님이 계시는 곳이 바로 평안한 곳입니다. 한 성(城)에 하나님이 함께 계십니다. 그 성에는 조용히 흐르는 시내가 있습니다. 생명의 물길입니다. 축복의 물길입니다. 생생한 기쁨이 있는 물길입니다. 세상은 요란한데, 이곳은 조용하고 평안합니다. 세상은 두려움으로 가득 차 있지만 이곳은 누구도 침범할 수 없습니다. 우주의 주인이신 하나님이 손으로 덮으시기 때문입니다. 바로 주님의 임재 아래 있는 사람들은 생명과 축복과 기쁨을 경험합니다. 모든 것을 시작하고 경영하시는 주님이 우리와 함께 계시기 때문입니다. 주님과 함께하는 시간이 가장 평안한 시간입니다.

저에게 구안괘사가 왔을 때 적은 또 다른 글입니다.

"주님은 오늘 아침에도 내게 눈물을 주신다.
이 작은 나를 울리시는가? 약한 내가 지극히 마음이 가난하다.
내가 잃은 얼굴 표정보다 내가 얻은 눈물이 더 값지다.
약하다는 것이 무슨 재산은 아니다.
주장할 것도 없다. 그러나 마음이 소박해졌다.
단순히 그분을 기다린다.
이제 지극히 단순하게 그분을 의뢰한다.
주님, 늘 이런 마음으로 주님을 바라보고 살게 해주시옵소서!
수렁에 빠져 있는 것 같지만 은혜를 경험하게 하는 수렁이다.
수렁이라기보다 쉼의 움막에 머무르고 있는 것이다.
주님은 지친 나의 마음을 몰아 여기에 가두신다.
마음이 가득 열렸다. 주님은 나를 만지고 계신다.
아침에도, 저녁에도…."

곧 주례를 해야 하는데 입술은 돌아가버렸습니다. 안면마비가 영원히 지속될 것만 같았습니다. 이제 예전의 얼굴로 돌아가는 것은 아득한 일처럼 느껴졌습니다. 완벽하지는 않았어도 나름 만족하며 살았던 얼굴인데, 그 얼굴로 다시 돌아가고 싶어 미칠 지경이었습니다.

저는 성격 유형 검사 DISC[D(Dominance, 주도형), I(Influence, 사교형), S(Steadiness, 안정형), C(Conscientiousness, 신중형)로 구분한다]에서 주도적인 성향으로 나왔습니다. 맞습니다. 모든 것이 제가 계획한 대로, 주도한 대로 되어야 편한 사람입니다. 일이 제 손 안에 있어야 편안한 사람입니다. 교회 일도 가정일도 주변 관계도 모두 반경 1미터 안에 있어야, 제 손을 뻗을 수 있는 곳에 있어야 편한 사람입니다.

그런데 얼굴이 이 모양이 되었는데 제가 제어할 수 있는 것이 하나도 없었습니다. 그러다가 예수님을 묵상하기 시작했습니다. 제가 의지하던 것들이 무너져 내린 때였습니다. 제가 신뢰하던 것들이 사라져버린 때였습니다. 그때 예수님을 절실히 바라보았습니다. 예수님께 집중하고 나니까 예수님이 왜 그동안 침묵하셨는지를 알게 되었습니다.

나의 한계를 깨닫다

예수님께서 침묵하실 때, 저는 저의 한계를 볼 수 있었습니다. 더 나아가 어떤 것이 예수님의 뜻이고 예수님이 가치를 두신 것이었는지 주도적인 눈으로 보려 했을 때는 보이지 않던 것들이 보이기 시작했습니다. 그 후, 다양한 각도에서 생각해보게 되었습니다. 그런 과정 속에서 성숙해져갔습니다. 주도적인 제가 만들어놓은 틀 안에 스스로 갇혀 자라지 못하고 있었습니다. 예수님은 저의 성장을 조용히 인도하셨습니다. 제 결정 과정을 조용히 이끌어주셨습니다.

"가만히 있어 내가 하나님인 것을 알라"라고 말씀하셨습니다. 영국 신사 같다는 말을 듣던 제가 입술이 돌아간 상태로 주례를 한다는 것은 끔찍한 일이라고 여겼는데, 가만히 주님의 뜻을 구하니 못할 것도 없다고 말씀하셨습니다. 그래서 예정대로 주례를 서기로 하고 계속 기도했습니다.

"주님, 하라시면 하겠지만 그래도 입술이라도 돌아오게 해주시면 안 되겠습니까? 결혼식에 믿지 않는 사람들도 많이 올 텐데 목사가 얼굴이 이 모양이면 하나님을 뭐라고 말하겠습니까? 제 설교가 받아들여지겠습니까?"

드디어 결혼식 날이 되었습니다. 어떻게 되었을까요? 아무 일 없었다는 듯 말끔하게 나았을까요? 주님은 주님의 계획만큼 제 얼굴을 고쳐주셨습니다. 완전한 것도 아닌 것이 그렇다고 이상한 것도 아닌 상태. 모르는 사람은 그냥 넘어갈 수도 있는 상태였습니다. 그 어정쩡한 상태가 주님이 생각하시기에 제게 가장 적합했나 봅니다.

제가 기억하는 한, 그날 주례만큼 진지하게 주례한 적은 없었습니다. 비록 얼굴이 틀어진 목사가 강단에 섰지만, 설교만큼은 어느 때 보다도 진실했습니다. 기름기가 걷히고 담백한 상태가 되었습니다. 오직 주님만이 높이 계셨습니다. 비뚤어진 입술로 마무리한 축복 기도였지만, 주님의 임재가 강렬한 기도였습니다. 주님은 나의 피난처가 되셨습니다.

|동행의 **약속**; 두려울 때|
하나님을 두려워한다는 것은 하나님이 무서워 떤다는 뜻이 아닙니다.
하나님을 존귀하게 여긴다는 뜻입니다.

1 그 후에 모압 자손과 암몬 자손들이 마온 사람들과 함께 와서 여호사밧을 치고자 한지라

2 어떤 사람이 와서 여호사밧에게 전하여 이르되 큰 무리가 바다 저쪽 아람에서 왕을 치러 오는데 이제 하사손다말 곧 엔게디에 있나이다 하니

3 여호사밧이 두려워하여 여호와께로 낯을 향하여 간구하고 온 유다 백성에게 금식하라 공포하매

4 유다 사람이 여호와께 도우심을 구하려 하여 유다 모든 성읍에서 모여와서 여호와께 간구하더라 …

10 옛적에 이스라엘이 애굽 땅에서 나올 때에 암몬 자손과 모압 자손과 세일 산 사람들을 침노하기를 주께서 용납하지 아니하시므로 이에 돌이켜 그들을 떠나고 멸하지 아니하였거늘

11 이제 그들이 우리에게 갚는 것을 보옵소서 그들이 와서 주께서 우리에게 주신 주의 기업에서 우리를 쫓아내고자 하나이다

12 우리 하나님이여 그들을 징벌하지 아니하시나이까 우리를 치러 오는 이 큰 무리를 우리가 대적할 능력이 없고 어떻게 할 줄도 알지 못하옵고 오직 주만 바라보나이다 하고

13 유다 모든 사람들이 그들의 아내와 자녀와 어린이와 더불어 여호와 앞에 섰더라 …

17 이 전쟁에는 너희가 싸울 것이 없나니 대열을 이루고 서서 너희와 함께한 여호와가 구원하는 것을 보라 유다와 예루살렘아 너희는 두려워하지 말며 놀라지 말고 내일 그들을 맞서 나가라 여호와가 너희와 함께하리라 하셨느니라 하매

18 여호사밧이 몸을 굽혀 얼굴을 땅에 대니 온 유다와 예루살렘 주민들도 여호와 앞에 엎드려 여호와께 경배하고

19 그핫 자손과 고라 자손에게 속한 레위 사람들은 서서 심히 큰 소리로 이스라엘 하나님 여호와를 찬송하니라

20 이에 백성들이 아침에 일찍이 일어나서 드고아 들로 나가니라 나갈 때에 여호사밧이 서서 이르되 유다와 예루살렘 주민들아 내 말을 들을지어다 너희는 너희 하나님 여호와를 신뢰하라 그리하면 견고히 서리라 그의 선지자들을 신뢰하라 그리하면 형통하리라 하고

역대하 20장 1-4,10-13,17-20절

|대하 20:1-30|

chapter 07 **'나의 대적'**이 두려울 때

하나님의 약속을 믿고 대적을 두려워하지 말라

비관주의자 vs 낙관주의자

비관주의자들은 별의 비밀을 발견한 적이 없고, 지도에 없는 땅을 향해 항해한 적도 없으며, 영혼을 위해 새로운 천국을 열어준 적도 없다고 헬렌 켈러가 말했습니다.

비관론자는 비가 오면 "땅이 질척거린다"라고 말하지만, 낙관론자는 "먼지가 가라앉을 것이다"라고 말합니다. 비관론자는 벌을 보고 "사람을 쏘는 곤충이다"라고 말하지만, 낙관론자는 "꿀을 만드는 곤충이다"라고 말합니다. 비관론자는 "어제가 낫다"라고 말하지만, 낙관론자는 "오늘이 낫다"라고 말합니다.

세상 사람들을 명확한 비관론자와 명확한 낙관론자로 나눌 수는 없지만, 비관적인 성향을 가진 사람과 낙관적인 성향을 가진 사람으로는 나눌 수 있습니다.

이를 빗댄, 생김새가 똑같은 어느 쌍둥이 이야기입니다. 한 아이는 언제나 희망으로 가득 찬 낙관론자였습니다. 그 아이는 말했습니다.

"모든 일이 잘 되어가고 있어!"

다른 아이는 늘 슬프고 절망적인 비관론자였습니다.

"모든 것이 다 엉망진창이야."

그 아이에 비하면 머피의 법칙에 나오는 머피는 오히려 낙관론자였습니다. 걱정이 된 부모는 아이들을 데리고 정신과를 찾아갔습니다. 의사는 아이들의 성격에 균형을 잡아주기 위해 부모에게 한 가지 제안을 했습니다.

"다음번 아이들의 생일날, 아이들을 각자 다른 방에 들어가게 한 뒤 선물을 열어 보게 하십시오. 비관적인 아이에게는 당신들이 사줄 수 있는 최고의 선물을 주고, 낙관적인 아이의 선물 상자에는 거름을 넣어주십시오."

부모는 의사의 제안대로 두 아이에게 선물을 준 다음, 비관론자인 아이의 방을 몰래 들여다보았습니다. 그러자 아이는 큰 소리로 불평을 해대고 있었습니다.

"이 컴퓨터는 색깔이 맘에 안 들어…. 이 계산기는 틀림없이 금세 고장이 날 거야…. 이 게임은 정말 싫어…. 내 친구는 이것보다 훨씬 큰 자동차가 있단 말이야…."

부모는 조심스레 낙관론자인 아이의 방으로 다가가 안을 몰래 들여다보았습니다. 아이는 신이 나서 거름을 공중에 내던지며 킥킥대고 있었습니다.

"날 놀리지 마요! 이렇게 많은 거름이 있다면, 틀림없이 당나귀 한 마리를 사 오신 거죠?"

비관적인 성향과 낙관적인 성향은 타고나는 것일까요? 그럴 수도 있습니다. 하나님께서는 이 세상에 다 필요하기 때문에 만드셨을 겁니다. 비관적인 성향도 낙관적인 성향도 장점이 있습니다. 그리고 둘 다 고쳐야 할 단점도 있습니다.

여기서는 비관적인 성향의 단점과 낙관적인 성향의 장점을 살펴보도록 하겠습니다. 비관적인 것은 부정적인 성향이라고 말할 수 있습니다. 낙관적인 것은 긍정적인 성향이라고도 합니다.

어떤 신앙인은 부정적인 성향이 강합니다. 자기 자신에 대해서도 부정적이고, 다른 사람이나 교회 일에 대해서도 부정적으로 말합니다. 긍정적인 사람은 가능하면 모든 일에서 긍정적인 부분을 찾아냅니다. 같은 사물이나 사건이라도 보는 시각이 다릅니다. 한 사람은 부정적인 시각으로 해석하고, 다른 사람은 긍정적인 시각으로 해석합니다. 어려운 일이 생길 때, 우리는 어떻게 반응합니까?

부정적인 관점을 강하게 이야기하는 것은 상대적으로 쉽습니다. 눈에 보이는 대로 하면 됩니다. 일어나고 있는 부정적인 현상을 그대로 이야기하면 사람의 관심을 받거나 그 말이 그대로 실현될 가능성이 높기 때문에 옳은 것처럼 보입니다. 인정받기 쉽다는 말입니다.

그러나 더 현명한 사람은 부정적인 현상을 보고 인식한 다음, 그것이 가진 긍정적인 면을 이야기하고 극복할 방안을 이야기합니다. 이것은 어려운 일입니다.

얼마 전 인기리에 종영한 드라마 〈제빵왕 김탁구〉를 한번 살펴봅시다. 주인공 김탁구의 리더십에 대해 전문경영인 김성회(IGM 세계경영연구원 수석연구위원이자 경영학 박사)가 언급한 글을 보았습니다.

"주인공 김탁구는 한국적 리더십의 전형이다. '하면 된다 정신'(can do spirit)의 화신이다. 첫사랑 유경과의 실연, 친모와의 생이별, 음모와 훼방 등 갖은 역경에 굴하지 않은 김탁구는 긍정적인 태도와 인간에 대한 예의를 잃지 않았다. 구마준이 김탁구를 이길 수 없었던 이유는 단순한 '핏줄'의 문제가 아니다. 역경 극복 능력의 결핍 때문일 것이다. 이는 루스 스미스 교수가 말한 '회복 탄성 지수'(Resilience Quotient)와도 통한다. 그는 일류 리더는 RQ가 높으며, 특히 한계를 뛰어넘으려는 도전성, 긍정적 태도가 뛰어나다고 분석했다. 마치 김탁구를 염두에 두고 한 말 같다."

우리는 다른 사람이 엄청난 긍정의 힘을 가지고 힘차게 달려가고 성취하는 것을 보면 열광하지만, 현실에서 자신이 겪을 일에 대해서는 지나치게 순진하다고 비판하며 고개를 저으며 두려워합니다.

가장 강력한 대적

구약성경 역대하 20장을 보면, 극단적으로 위험한 상황에서 긍정적인 자세를 선택한 왕이 등장합니다. 그의 이름은 여호사밧입니다. 여기서 그가 취한 긍정적인 자세는 무엇이었습니까? 어떤 상황에서 그런 자세가 나왔습니까? 그가 당한 위기의 종류는 무엇이었습니까?

하나님의 사람이 제대로 살고자 하면, 대적이 다가옵니다. 여호사밧은 선한 왕이었습니다. '어떻게 하면 하나님께 칭찬받는 백성으로 변화시킬까' 선한 고민을 한 왕이었습니다. 브엘세바에서부터 에브라임 산지까지 두루 다니며 백성들을 여호와께로 돌이켜 여호와를 경외하는 마음을 심어주려고 노력했습니다. 그렇지만 여호사밧이 경건하게 살려고 했을 때, 그를 시험하려는 위기가 다가왔습니다. 작은 시험이 아니라 여호사밧과 나라 전체를 통째로 흔들 수 있는 거대한 시험이었습니다.

모압과 암몬과 에돔 사람들이 연합해서 쳐들어왔습니다. 이스라엘 동쪽과 남동쪽에 있는 이웃들입니다. 에돔은 야곱의 형이었던 에서 자손들의 나라입니다. 모압과 암몬은 아브라함의 조카 롯의 자손들의 나라입니다. 다 일가친척이었지만, 세월이 흐르자 대적이 되었습니다. 지금 중동 지역에서 일어나는 분열과 전쟁의 모습과도 비슷합니다.

마찬가지로 우리를 두렵게 하는 대적은 그리 멀리 있지 않습니다. 항상 우리 주변에 있습니다. 내 식구가 내 마음을 가장 아프게 하는 대적이 될 수 있습니다. 가족 때문에 많은 분들이 극심한 고통을 겪습니다. 그 사람들이 대적입니다. 그들이 나빠서 그럴 수도 있지만, 이해관계 때문에도 서로 원수가 될 수 있습니다.

돈 때문인 경우가 많습니다. 돈 때문에 갈라집니다. 돈 때문에 서로 미워하고 돈 때문에 원수가 됩니다. 말로 공격합니다. 거짓말도 합니다. 하다 보면 물고 뜯습니다. 돈이 우리의 머리와 가슴을 지배해버립니다. 사실 우리의 가장 큰 대적은 식구나 친척이 아니라 돈이라고 할 수 있습니다. 돈이라는 대적은 대체로 조용히 다가와서 나와 주변 사람들을 삼켜버립니다. 삼킴을 당하는지도 모르게 삼킴을 당합니다.

디모데후서 3장 2절은 마지막 때에 사람들이 자기 자신과 돈을 사랑한다고 지적합니다.

> 사람들이 자기를 사랑하며 돈을 사랑하며…

자신이 제일 먼저이고, 그 다음이 돈입니다. 그런데 이 둘은 같이 갑니다. 자기 자신과 돈을 안 좋아하는 사람이 있다고 한다면 정직하지 못한 사람일 것입니다. 문제는 내가 지배당하고 있는지 지배하고 있는지 살펴보아야 합니다. 돈을 좋아할 수는 있지만 빠지지는 말아야 합니다. 거리를 둬야 할 대상이고 경계해야 할 대상입니다. 돈에 지배당하는 사람은 돈을 가지고 일하려 하고, 돈으로 베개를 삼으려고 합니다.

이렇게 돈을 사랑하는 마음도 문제지만 돈 자체가 주는 위협도 큽니다. 지난 몇 년간 한국은 OECD 국가 중에서 자살률이 가장 높은 나라가 되었습니다. 특히 25~34세 연령층과 55세 이상 연령층의 사망률이 높습니다. 정말 슬픈 통계입니다. 언론은 자살의 이유가 대인관계에서 오는 상처나 생활고를 비관한 것이라고 분석했습니다. 그 증거로는 IMF 때, 또 최근 경제 한파 때 자살률이 급증한 것입니다.

쉽게 말해, 사람은 사람이나 돈이 주는 두려움 때문에 죽음이라는 최악의 벽을 마주하기도 한다는 말입니다. 이렇듯 가장 두려운 것의 등수를 매긴다면 사람과 돈인 것 같습니다.

두려움을 인정하라

강한 대적 앞에서 우리는 무엇을 할 수 있습니까? 여호사밧은 무엇을 했습니까? 나를 두렵게 하는 대적 앞에서 고개를 돌려 여호와께로 낯을 향해야 합니다. 여호사밧은 위기의 순간을 맞았을 때 어땠습니까? 당당했습니까? 아닙니다. 여호사밧은 무서워했습니다. 두려워했습니다.

두려움은 인간의 당연한 반응입니다. 우리가 하나님이 아니라는 것을 깨닫는 행위입니다. 통제할 수 없는 큰 문제 앞에서 우리는 충분히 두려워할 수 있습니다. 두려움은 숨길 필요가 없습니다. 두려움은 부끄러운 것이 아닙니다. 두려움에 반복해서 무너지는 것이 부끄러운 것입니다.

극심한 재앙이나 고통은 사람을 최고로 만들기도 하고 최악으로 만들기도 합니다. 두려움도 마찬가지입니다. 두려움 때문에 최고의 사람이 되기도 하고 최악의 사람이 되기도 합니다. 두려움은 최고의 사람을 만들기 위한 훌륭한 학교가 됩니다. 두려움 앞에서는 솔직한 모습을 보이는 것이 큰 도움이 됩니다.

"사나이 대장부가 이런 것쯤 가지고!"

이런 말씀 마십시오. 사나이 대장부라도 무서울 때는 무섭습니다. 두려움을 부인하고 꼭꼭 눌러놓는 사이에 그 두려움은 바다의 작은 습기들이 모여 폭풍이 되고 태풍이 되는 것처럼 모든 꿈을 사라지게 하는 쓰나미가 될 수도 있습니다.

저는 미국에 있을 때 '토네이도'의 위력을 직접 경험했습니다. 1988년, 텍사스 주 댈러스에 있는 신학대학원에서 공부할 때였습니다. 여기서는 지진을 겪지 않을 거라고 안심하고 있었습니다. 그런데 이번에는 강력한 토네이도가 텍사스를 강타했습니다. 기숙사에 있는데, 바람이 얼마나 센지 하늘이 온통 바람으로 채워진 것 같았습니다. 갑자기 사이렌이 울리고 지하로 대피하라는 경보가 울리자 저는 열쇠와 지갑 하나만 달랑 들고 지하로 피했습니다. 토네이도가 지나갈 때까지 그곳에 있었습니다. 신학생들이 파랗게 질린 얼굴을 하고 염려하고 있었습니다.

여러분, 상상이 되십니까? 앞으로 교회 지도자가 될 신학생들이 지하에 모여 걱정하고 무서워하고 있었다는 사실이? 그러나 사실이었습니다. 또한 우리는 기도하며 찬양했습니다. 얼마의 시간이 흐르고 안전 사이렌이 울려서 위로 올라갔습니다. 다행히 토네이도가 우리 지역을 피해갔지만 옆 동네를 강타했습니다. 다음날 신문에 실린 사진을 보니 그 지역 집들이 다 초토화되어 있었습니다. 건물이 다 무너져 내려 주변이 황폐했습니다. 지진도 엄청나지만, 바람의 힘도 엄청납니다.

하나님이 몇 가지 간단한 수단만 동원하셔도 우리는 꼼짝하지 못합니다. 하나님께서는 우리를 태풍 같은 큰 어려움 속에 집어넣기도 하십니다. 두려움을 느끼게 하기 위해서입니다. 하나님 앞에서 두려움을 느끼는 것은 좋은 일입니다. 그리고 그 두려움을 인정하는 것은 좋은 일입니다. 그 다음에 건강한 행동이 나올 수 있기 때문입니다. 이것은 최고의 사람이 될 기회입니다.

위기 때 기도하라

위기 속에서 보일 수 있는 건강한 행동은 무엇입니까? 여호사밧이 취한 행동을 살펴봅시다. 여호사밧은 위기 속에서 무엇을 했습니까? 즉시 군대를 모았습니까? 전략가들의 말을 들었습니까? 주변 사람들과 의논했습니까?

여호사밧은 여호와께로 얼굴을 돌렸습니다. 위험하다는 판단이 든 순간 그는 여호와께로 얼굴을 돌렸습니다. 그것은 자기 힘의 근원이 하나님이심을 본능적으로 표현한 것입니다. 하나님이 나를 도우실 분임을 인정하는 것입니다. 어린아이가 위험하다고 느끼는 순간, 아무 망설임 없이 엄마의 품을 찾는 것과 같습니다. 늘 '하나님께 기도해야지' 하고 머뭇거리는 우리와 다릅니다. 그는 순간적인 위기 앞에서 머뭇거리지 않습니다. 하나님의 품을 파고듭니다.

여호사밧은 위기 앞에서 특별기도 시간을 가집니다. 예루살렘에 올라오지 못한 사람들은 각자 사는 마을에서 기도를 드렸습니다. 우리가 교회에 모여 기도하고, 집에서 기도하고, 일터에서 기도하는 것과 같습니다. 교회 공동체와 가정이 위기를 맞을 때 가장 기본적인 것에 초점을 맞추어야 합니다. 기도는 다시 살려야 할 불씨입니다.

언젠가 몸이 아프고 나서 회복이 되었습니다. 그래서 바로 다음 날 다시 새벽기도를 하려고 새벽기도회에 나왔습니다. 그런데 그날 다시 심한 목감기에 걸리고 말았습니다. 안 하다가 하려고 하니, 몸이 감당을 못하는 것인지 아니면 사탄이 시험하는 것인지 어떤 이유 때문인지는 모르지만, 계속 고생을 했습니다.

기도는 사탄이 혐오하는 일입니다. 나라가 여러 가지 크고 작은 문제들로 시끄러울 때, 더 열심히 기도해야 합니다. 한국 교회와 성도들이 기도로 활활 타올라야 합니다. 성령의 역사를 기대하며 모두가 기도해야 합니다.

여호사밧이 위기 앞에서 기도하는 내용이 1-13절의 내용이라면, 14-21절은 약속에 대한 신뢰의 내용이 담겨 있습니다. 기도하고 나서는 승리를 확신해야 합니다. 기도한 후에도 여전히 위험이 도사리고 있는데, 하나님을 신뢰할 수 있습니까? 여호사밧은 그렇다고 웅변적으로 보여줍니다. 하나님의 약속의 말씀을 의지하고 있습니다. 내 스스로 확신하는 것은 의미가 없습니다. 하나님의 약속에 근거하여 확신을 가져야 합니다. 하나님 앞에 선 여호사밧과 온 백성은 하나님의 약속을 받습니다. 그 약속의 골자는 구원과 축복입니다.

> 이 큰 무리로 말미암아 두려워하거나 놀라지 말라 이 전쟁은 너희에게 속한 것이 아니요 하나님께 속한 것이니라 대하 20:15

> 이 전쟁에는 너희가 싸울 것이 없나니 대열을 이루고 서서 너희와 함께 한 여호와가 구원하는 것을 보라 유다와 예루살렘아 너희는 두려워하지 말며 놀라지 말고 내일 그들을 맞서 나가라 여호와가 너희와 함께하리라 하셨느니라 대하 20:17

하나님께서 "내가 너희를 대신하여 싸워주겠다"고 약속하셨습니다. 그들은 이 사실을 믿고 받아들였습니다. 그들은 하나님의 말씀 앞에 엎드려 경배하고 여호와를 찬송했습니다. 야하시엘을 통해 주신 약속의 말씀에 따라 온 백성은 일찍 일어나 드고아의 들로 나갔습니다. 싸움을 하려면 무기를 들고 가야 하지 않습니까? 칼과 창과 활이 준비되어야 하지 않습니까? 그런데 그들은 맨손으로 나갔습니다. "하나님이 함께하신다. 하나님이 싸워주시겠다"라고 하신 약속을 그대로 믿었습니다. 이제 우리는 하나님을 신뢰하고 걸어가야 합니다. 신뢰는 신뢰의 행동이 수반되어야 합니다.

행동하는 믿음

아직 응답이 되지 않았더라도 우리 주님께서 개입하실 것을 신뢰해야 합니다. 신뢰란 보이지 않을 때, 믿고 따르는 것입니다. 느껴지지 않을 때, 믿고 따르는 것입니다. 만져지지 않을 때, 믿고 따르는 것입니다.

교회 개척 초기에 신기한 일이 있었습니다. 목사가 '신기하다'고 하면 믿음 없는 말이라고 꾸짖는 분도 계시겠지만, 딱 어울리는 말 같습니다. 남서울은혜교회에서 목회를 해서인지 제가 교회를 개척하겠다고 했을 때, 모인 분들은 당연히 강남 어딘가에서 할 거라고 여긴 것 같습니다. 처음 예배 처소로 마련한 곳도 남서울은혜교회 근처 복지관이었습니다. 하지만 하나님께서 제게 보여주신 곳은 상암동이었습니다. 저는 그곳으로 가야 했습니다.

그중에는 제가 상암동으로 간다고 미리 말씀을 드렸는데도 설마 가겠느냐고 생각하신 분들이 있었습니다. 그래서 제 확고한 의지를 보여드리고, 계속 강남에서 모이다가는 저도 마음이 약해질 것 같아 대책없이 상암동 근처 성산동으로 이사부터 했습니다. 그 지역에 사는 성도 한 분도 없던 때였습니다. 막상 저희 가정은 이사를 했지만, 예배 처소를 찾지 못해 거의 두 달간 예전 처소인 수서동에서 예배를 드려야 했습니다. 아는 인맥과 능력과 노력을 다 동원했지만 적당한 곳을 찾지 못했습니다. 저는 하나님께 계속 기도했습니다. 그러다 비록 허름하고 불편하고 까다로운 조건이었지만, 하나님이 부르신 지역에서 예배를 드려야 한다는 당위성에 근거를 두고 근처 복지관과 계약을 했습니다. 그것도 주일만 겨우 사용하는 조건으로 말입니다. 그러고 나서도 우여곡절이 많았습니다. 성도들로부터 진짜로 옮기느냐는 원성도 많이 들었습니다. 그때 많은 분들이 교회 개척을 포기했습니다. 그럼에도 옮겼습니다.

첫날 복지관에서 예배를 드리는데 참 감격스러웠습니다.

'드디어 왔구나.'

그런데 진짜 신기한 일이 그 주에 일어났습니다. 우리가 복지관으로 옮기겠다는 선언을 하고 복지관과 계약을 맺은 그 주에 우리는 새로운 장소를 찾았습니다. 저희 집 근처에 아무도 쓰지 않는 새 건물이 있었습니다. 지은 지 2년이나 되었는데도 아무도 쓰지 못한 건물이 바로 저희 집 길 건너에 있었습니다. 그 동네를 두 달간 샅샅이 뒤졌는데도 찾지 못한 건물이 우리가 결단한 그 주에 나타났습니다. 정말 신기하지 않습니까?

마치 하나님께서 우리의 결단을 기다리고 계셨던 것처럼 복지관과 맺은 계약서의 잉크가 채 마르기도 전에 건물을 주셨습니다. 손 안에 쥐고 기다리셨던 것처럼, 소송에 휘말려 부동산에 나오지 못했던 건물을 하나님께서 저희를 위해 준비해두셨습니다. 저희는 복지관에서

한 주만 예배드리고 바로 다음 주에 새로 마련한 빌딩에서 제대로 예배를 드릴 수 있었습니다.

남서울은혜교회 홍정길 목사님은 그 건물에서 창립예배를 드릴 때, 여호수아서 3장의 사건과 연관시켜 감동적인 설교를 해주셨습니다. 아직 물이 흐르는 요단강, 그 앞에 쫓기는 백성이 섰습니다. 그들은 길이 만들어진 곳을 지난 것이 아니라 아직 물이 흐르는 강을 말씀만을 의지해 건넜습니다. 강에 발을 내디뎠을 때에야 도도한 강이 갈라졌던 사건을 이야기하셨습니다. 내디뎌야 강이 갈라진다고 하셨습니다. 그 앞에서 아무리 기다린다고 해도 강이 갈라지지 않는다고, 믿음은 행동하는 것이라고 말씀하셨습니다. 우리가 말씀을 의지하고 순종의 강에 발을 내디뎠을 때 흐르던 물이 멈추고 길이 만들어졌습니다.

이런 말이 있습니다.

"비관론자들은 대체로 맞다. 낙관론자들은 대체로 틀리다. 그러나 큰일은 낙관론자들이 한다."

그리스도인이라 하더라도 비관론자들은 항상 불평합니다. 창과 칼이 없다고 불평합니다. 돈이 없다고 불평합니다. 사람이 없다고 불평합니다. 그러나 긍정적인 낙관론자들은 하나님을 신뢰하고 작은 것 하나부터 시작합니다. 더군다나 기도했다면, 더욱 그렇습니다.

하나님을 신뢰한다면, 돈이라는 창과 칼이 없어도 앞으로 전진해야 합니다. 진정한 믿음은 표현되어야 합니다. 겉으로 드러나야 합니다. 속으로 우물거리는 것은 믿음의 표현이 아닙니다. 또한 대적을 향해 믿음으로 걸어가는 것으로 나타나야 합니다. 대적을 바라보며 하나님을 찬양하는 것은 믿음의 표현입니다. 물론 두려울 때 대적은 커 보이고 나는 작아 보입니다. 칼을 들어도 마땅치 않을 것입니다. 나의 대적을 칠 수 있는 더 큰 세력을 동원해야 할 것만 같습니다. 하나님을 믿고 따르는 것이 바보처럼 느껴질 수 있습니다. 성경의 방법을 따르면 이길 것 같지 않습니다. 어리석어 보일 수 있습니다.

물질만능주의를 이길 힘

물질만능주의는 우리를 둘러싸고 있는 거대한 대적입니다. 내가 인정하든 안 하든 나를 삼키는 거대한 괴물입니다. 우리는 돈 때문에 걱정하고, 돈 때문에 염려합니다. 돈 때문에 믿음이 오그라들고, 돈 때문에 세상의 노예가 됩니다. 심지어 돈 때문에 사람을 죽이기도 하고 폐인이 되기도 합니다. 세상적인 방법을 써야 나도 세상에서 살아남을 수 있을 것 같습니다.

그렇지만 거대한 괴물 같은 돈과 물질만능주의를 이길 방법은 하나님께만 있습니다. 세상이 전파하는 세속주의를 이길 힘은 하나님밖에 없습니다. 자본주의가 전파하는 이기심을 극복할 수 있는 길은 오직 하나님밖에 없습니다. 긍정적으로 바라보면, 돈에 대한 극심한 두려움은 기도하게 합니다. 돈은 하나님 없이 살 수도 있을 것 같은 환상을 심어주는 가장 강력한 도구가 될 수 있습니다. 사탄은 돈으로 우리의 마음을 무의식중에 사기도 합니다.

그러나 하나님께서도 돈을 사용하십니다. 우리가 돈을 사랑하고 의지하기 때문입니다. 돈을 잃어봐야만 돌아오는 사람이 분명히 있기 때문입니다. 자기 백성을 지키기 위해 자기 아들까지 내어놓으신 분이 돈이라고 사용하지 않으시겠습니까? 극한 가난의 시대가 지나갔다고 해서 인간사에 돈 문제가 해결된 것은 아닙니다.

사탄은 참 오묘하고도 복잡하게 우리의 욕망과 함께 돈 문제를 결탁시켜 인간이 이 땅에 사는 동안 부하든 가난하든 이 문제에서 벗어나지 못하게 만들었습니다. 내일 내가 먹고 사는 것도, 건강을 지키는 것도, 사람을 사랑하는 것도 다 돈과 결부되어 있습니다. 내 정체성과 자존심도 돈과 연결되어 있을 수 있습니다. 암 환자는 병도 겁이 나지만 돈도 겁이 납니다. 태어나고 죽는 것까지 다 돈과 연결되어 있습니다.

누가 돈 문제에서 자유하다고 말할 수 있습니까? 두려운 문제입니다. 그렇기 때문에 우리는 기도해야 합니다. 하나님을 신뢰하고 따라가야 거대한 물질만능주의나 이기적 자본주의를 이길 수 있습니다. 기도하고 주님의 임재를 신뢰하십시오.

> 이 전쟁에는 너희가 싸울 것이 없나니 … 두려워하지 말며 놀라지 말고 … 여호와가 너희와 함께하리라 대하 20:17

주님이 함께하시기 때문에 돈으로부터 오는 두려움을 이길 수 있습니다. 내 재주나 돈으로 자녀를 공부시키고 출세시키려고 하지 마십시오. 주님께서 내 자녀를 출세시키도록 맡기십시오. 또 내가 자녀를 위해 많은 것을 해주지 못한다고 좌절하지 마십시오. 내게 주어진 환경에서 내가 가진 역량을 가지고 최선을 다해 자녀를 교육시키십시오. 사람들 눈에 화려한 교육을 시키는 남들과 비교하지 마십시오. 오히려 내가 못하는 부분들을 주님이 대신 채워주시도록 간절히 기도하십시오. 물질이 없어서 기회를 빼앗기고 있다고 한탄하지 마시고, 오히려 그 시간에 주님께 기도하십시오. 주님이 높여주시면 누구도 끌어내릴 자가 없습니다. 그러나 주님이 끌어내리시면, 아무도 높여줄 자가 없습니다.

하나님의 동행을 구하라

하나님을 신뢰하면 완전한 승리를 경험합니다. 하나님을 신뢰하는 것이 어떻게 표현됩니까? 그것은 온 공동체가 함께 하나님을 경배하는 것입니다. 여호사밧과 그의 백성이 한 것처럼 하면 됩니다. 위기 때에 백성들이 군대 앞에서 노래합니다. 찬양합니다. 노래와 찬송이 시작될 때 여호와께서 천사들을 통해서 암몬과 모압과 에돔의 온 군대를 혼란스럽게 하셨습니다. 그러자 자기들끼리 치고받고 죽였습니다. 가만히 있었는데 전쟁의 승리를 경험했습니다. 실제로 유다 사람들은 싸우지도 않고 승리했습니다.

시편 46편 10절은 "너희는 가만히 있어 내가 하나님 됨을 알지어다"라고 선포합니다. '가만히 있다'는 것은 아무 행동도 하지 않고 있는 상태가 아닙니다. 인간이 하려는 것을 멈추라는 뜻입니다. '가만히 있다'는 말은 기도하면서 하나님의 말씀을 듣는다는 뜻입니다. 또한 하나님을 찬양한다는 뜻입니다. 하나님의 도우심을 확신하고 기대한다는 뜻입니다. 그들이 기도하고 말씀 듣고 찬양하자, 일이 일어났습니다.

하나님의 개입이 일어났습니다. 이것이 2900년 전에 일어났다고 오늘날에는 불가능합니까? 과거에 역사하신 하나님께서 지금은 능력을 상실하셨습니까? 2900년 전의 신(神)이 세월이 흘렀다고 늙고 힘이 없어 지쳤습니까? 물론 저는 가끔씩 '하나님도 지치셨겠구나' 하는 생각을 할 때가 있습니다. 내 속의 악함을 반복해서 볼 때 나도 나에게 지치는데 '하나님은 그 오랜 세월 동안 얼마나 피곤하실까' 하는 생각이 듭니다.

그러나 하나님은 신이십니다. 우리와 같은 인간이 아니십니다. 하나님은 변함이 없으십니다. 우리가 하나님을 찾을 때, 지금도 이런 기적을 베풀어주십니다. 온 가족이 하나님을 찾을 때, 이런 기적이 나타날 것입니다. 유다가 완벽한 승리를 맛본 것처럼, 우리도 완벽한 승리를 맛볼 것입니다. 쑥스러운 승리인가요? 나는 싸우지도 않았는데…? 괜찮습니다. 언제 우리가 십자가를 지기 위해 싸웠습니까? 주님이 다 이루신 다음에, 우리는 믿기만 했습니다. 이미 이기신 싸움에 믿음으로 동참했습니다.

우리가 해야 할 일은 주님을 찬양하고 신뢰하고 맡기고 걸어가는 것뿐입니다. 그러면 그 다음은 주님이 알아서 해결하십니다. 이 사실을 믿지 못하면 믿음으로 걷지 못합니다. 그러나 믿음의 사람은 걸어갈 수 있습니다.

여러분의 큰 대적이 무엇입니까? 돈입니까? 사람입니까? 어떤 세력입니까? 위기 앞에서 가장 먼저 해야 할 일은 하나님의 동행을 구하는 기도를 하는 것입니다. 그 다음에는 이미 약속된 하나님의 임재를 믿고 걸어가면 됩니다.

믿음의 걸음을 내딛으십시오. 하나님의 동행을 구하고 믿음의 걸음을 걸으면 결국 승리할 것입니다. 완전한 승리를 경험할 것입니다. 믿음의 기도와 믿음의 걸음은 승리를 위한 위대한 발걸음입니다.

| 동행의 약속 ; 두려울 때 |

두려움은 부끄러운 것이 아닙니다.
두려움에 반복해서 무너지는 것이 부끄러운 것입니다.

8 여호와께서 애굽 왕 바로의 마음을 완악하게 하셨으므로 그가 이스라엘 자손의 뒤를 따르니 이스라엘 자손이 담대히 나갔음이라

9 애굽 사람들과 바로의 말들, 병거들과 그 마병과 그 군대가 그들의 뒤를 따라 바알스본 맞은편 비하히롯 곁 해변 그들이 장막 친 데에 미치니라

10 바로가 가까이 올 때에 이스라엘 자손이 눈을 들어 본즉 애굽 사람들이 자기들 뒤에 이른지라 이스라엘 자손이 심히 두려워하여 여호와께 부르짖고

11 그들이 또 모세에게 이르되 애굽에 매장지가 없어서 당신이 우리를 이끌어내어 이 광야에서 죽게 하느냐 어찌하여 당신이 우리를 애굽에서 이끌어내어 우리에게 이같이 하느냐

12 우리가 애굽에서 당신에게 이른 말이 이것이 아니냐 이르기를 우리를 내버려두라 우리가 애굽 사람을 섬길 것이라 하지 아니하더냐 애굽 사람을 섬기는 것이 광야에서 죽는 것보다 낫겠노라

13 모세가 백성에게 이르되 너희는 두려워하지 말고 가만히 서서 여호와께서 오늘 너희를 위하여 행하시는 구원을 보라 너희가 오늘 본 애굽 사람을 영원히 다시 보지 아니하리라

14 여호와께서 너희를 위하여 싸우시리니 너희는 가만히 있을지니라

출애굽기 14장 8-14절

| 출 14:8-14 |

chapter 08 '고난'이 두려울 때

고난은 더 큰 기적을 경험하는 통로이다

고난이 극심할 때

삶에는 고통스런 과정이 있습니다. 내 힘으로 어쩔 수 없는 사건들이 예고없이 일어납니다. 사랑하는 사람의 갑작스런 죽음조차도 막을 수 없습니다. 고등학교 때 한 친구가 열차 사고로 죽었습니다. 그 친구는 3대 독자였는데, 아들을 먼저 보낸 아버지의 머리가 장례를 치르면서 새하얗게 변해버렸습니다. 너무 고통스러우면 신체에 이런 변화가 일어날 수도 있다고 합니다. 너무 고통스러우면 사람이 미치기도 합니다. 우리의 정신력으로 감당을 못하기 때문입니다. 또한 고난 속에서 사람들은 품위를 잃어버리기도 합니다. 음식 하나를 가지고 싸우기도 합니다.

이스라엘 백성은 전쟁 중에 굶주림 때문에 자식을 잡아먹는 일도 있었습니다. 인간이 가진 가장 기본적인 품위마저 팽개쳐버렸습니다. 사람은 고난 속에서 어떻게 변할지 모릅니다. 지금은 점잖게 앉아 있지만, 극심한 고난이 닥쳐오면 어떻게 행동할지 아무도 장담하지 못합니다. 아무도 자신할 수 없습니다.

빅터 프랭클은 2차 세계대전 때 유태인 수용소에서 살아남은 정신과 의사입니다. 그는 그 체험을 담은 《그래도 나는 삶이 의미 있는 것이라고 생각한다》라는 책을 썼습니다. 그 책에는 수용소에 잡혀온 사람들 중에 간수 편을 들며 감옥을 관리하는 동료 수감자들의 이야기가 나옵니다. 그들은 자기 동료를 악랄하게 대해야만 살아남을 수 있었습니다. 그들은 양심보다는 생존을, 인간이기보다는 동물적인 감각으로 살아가는 사람들이었다고 말합니다. 고난 중에 자신이 살기 위해 남을 죽이거나 이용하는 사람의 추악한 본성을 고발하고 있습니다.

고난 속에서 신앙인은 믿음을 저버리기도 합니다. 고난이 두려워 세상과 타협합니다. 믿지 않는 집으로 시집을 갔다가 집안에 분쟁이 생기는 것이 두려워 믿음을 포기한 사람도 있습니다. 그 며느리는 시어머니를 따라 절에 다녔습니다. 그러다 시어머니가 돌아가신 후 50대가 되었을 때 말 못할 고난이 닥쳐왔습니다. 그때 자기가 저버린 신앙이 떠올랐습니다. 그래서 교회로 돌아왔습니다. 그 시간 동안 참 많은 일을 할 수도 있었지만, 30여 년간 주님을 배반하고 지냈습니다. 나중에라도 돌아온 사람은 그래도 괜찮습니다. 아예 떠났다가 돌아오지 않은 사람들도 있습니다. 물론 진짜 신앙인이라면 그럴 수 있을까 하는 의구심이 듭니다. 하지만 인생은 딱히 뭐라고 답을 내리기 어려운 경우도 많기 때문에 신앙인이라도 그럴 수 있다고 가능성을 열어둡니다.

고난이 사람에게 미치는 영향

이제 다양한 고난 속에서 우리가 어떻게 살아야 하는지를 다루려고 합니다. 우리가 사람이라서 기본적으로 당하는 고난들, 돈과 건강과 가족관계와 자녀 교육 때문에 오는 고난들입니다. 동시에 우리가 그리스도인이기 때문에 당하는 고난, 즉 더 높은 수준의 윤리적 삶을 살아야 하는 것, 기꺼이 손해 보는 일, 직장에서 술 문제로 따돌림 받는 일, 심지어 핍박 받는 일 등 일반인보다 더 많은 종류의 고난을 안고 살아가는 사람들입니다.

그렇다고 우리가 더 비극적인 삶을 살고 있습니까? 그렇지 않습니다. 오히려 엄청난 파도처럼 달려드는 고난 때문에 더 분명한 삶을 살 수 있습니다. 아무 문제가 없거나 순탄했으면 그냥 지나칠 뻔했던 많은 부분들을 깨닫고 경험할 수 있습니다.

목회를 하면서 나름 임상 실험을 해보았습니다. '고난이 사람을 어떻게 변화시키는가?' 하는 질문을 가지고 사람들을 지켜보았습니다. 많은 사람들이 고난을 심하게 겪을 경우에 신앙을 지켜나가기는 하지만, 성격이 꼬이는 것을 보았습니다. 마음이 강퍅해집니다. 그래서 고난을 많이 겪은 분과는 대화하기가 쉽지 않습니다. 공격적이고 상대를 무시하는 경향이 있었습니다.

또 고난이 거의 없는 분들을 보았습니다. 극히 드문 경우입니다. 이분들은 출생도 반듯합니다. 성격도 좋고 유능한 남편이나 좋은 아내를 만났습니다. 좋은 그리스도인입니다. 아이들은 공부도 잘하고 좋은 가정을 만듭니다. 건강에도 큰 문제가 없습니다. 정말 하나님은 불공평하게 '모든 것을 다 주시기도 하는구나' 하고 시샘을 합니다. 이분들의 성격은 온화합니다. 주변을 편하게 합니다.

또 다른 부류는 고난을 겪지만 순 반응을 하는 경우입니다. 고난을 통해 자신을 하나님께 맡기는 연습을 합니다. 인격이 변하고 얼굴이 변합니다. 눈빛이 깊어집니다. 이 사람 곁에 오면 많은 사람들이 힘을 얻습니다.

그래서 저는 고난 없이 좋은 환경에서 살아 인품이 좋은 분과 고난을 겪고 다듬어진 분을 한번 비교해보았습니다. 축복을 많이 경험한 분에게는 품위가 있습니다. 참 밝고 긍정적입니다. 이분들은 꽃입니다. 하지만 고난을 통해 다듬어진 사람은 큰 나무가 됩니다. 그 나무를 의지하여 많은 생명이 기쁨을 누립니다. 생명을 품는 나무가 됩니다. 이분들 옆에 있으면 절로 힘이 나는 것 같습니다.

고난에 대처하는 자세

누구에게나 고난은 있습니다. 이 고난을 어떻게 이겨나가는가 하는 것이 우리의 숙제입니다. 우리는 다가오는 역경 때문에 불평하기 쉽습니다. 우리를 둘러싼 고난 때문에 두려워하고 불평하기 쉽습니다.

이스라엘 사람들은 장자의 죽음을 마지막으로 10가지 재앙이 그친 후에 서둘러 애굽을 떠났습니다. 바로는 자신의 맏아들의 죽음 앞에서 완전히 초주검이 되어 정신을 잠시 놓았습니다. 애굽 사람에게 장자는 신(神)과 다름없는 존재였습니다. 그런 신이 죽었으니 우리가 상상하는 것보다 충격이 더 심했을 것입니다. 하지만 장자를 묻고 나자 정신이 번쩍 들었습니다. 분노가 치밀어 오르기 시작합니다. 세계 최강의 애굽 사람들이 자신들의 노예에게 당한 고통에 수치심마저 듭니다.

이들이 어떤 마음으로 이스라엘 사람들을 쫓았을지 짐작이 되지 않습니까? 바로는 군대를 모았습니다. 최고의 신병기 전차 600승과 다른 전차들과 군대를 이끌고 추격에 나섰습니다. 제대로 복수를 하겠다는 마음에 눈에 보이는 것이 없습니다. 지난 재앙들의 두려운 결과들은 다 잊어버렸습니다. 엄청난 먼지바람을 일으키며 바짝 추격해 홍해 앞에 거의 다다랐습니다.

이스라엘은 이제 두 가지 불가항력적인 문제에 봉착했습니다. 하나는 그들의 앞길을 막고 있는 홍해입니다. 이것은 자연 장애물입니다. 인간의 힘으로 도저히 건너갈 수 없는 바다입니다. 배도 없습니다. 다른 곳으로 돌아갈 시간도 없습니다.

또 하나는 인간 장애물입니다. 세계 최정예 전사들이 다가오고 있습니다. 이스라엘은 싸워본 적이 없습니다. 군대도 없습니다. 군대는커녕 노예로 벽돌만 굽다가 허둥지둥 도망쳐 나온 무리들입니다. 노예근성으로 민족성마저 의심이 듭니다. 오합지졸입니다. 싸움이 될 수 없는 상황입니다. 이렇게 사면이 꽉 막힌 상황이 되자, 사람들이 어떤 반응을 보입니까?

막다른 상황에 몰릴 때

인간이 막다른 상황에 몰릴 때 보이는 반응들이 자세히 나옵니다.

첫째, 대단히 두려워합니다. 보통 패닉 상태에 빠진다고 말합니다. 지금 온 백성이 패닉 상태에 빠졌습니다.

둘째, 여호와께 부르짖었습니다. 이 부르짖음은 복합적입니다.

"아이고, 아이고, 이제 어떡합니까?"

"하나님, 어떻게 이럴 수 있습니까?"

"세상에 하나님, 도와주세요."

부정적인 원망의 부르짖음, 혹시나 하는 마음의 부르짖음…. 사람들은 자기 성격대로 부르짖었을 것입니다. 하나님을 향한 것이기는 했지만 저는 이들의 부르짖음을 부정적으로 봅니다. 이들이 정말 하나님을 의지해서 부르짖었을까요? 그들에게 믿음이 조금이라도 있었다면 그들이 모세에게 어떻게 이런 막말을 할 수 있었을까 하는 생각이 듭니다.

셋째, 모세에게 쏟아 붓습니다. 불평하는 정도가 아닙니다. 드세게 항의합니다. 까칠한 정도가 아닙니다. 두려움이 약이 되기도 하고 독이 되기도 하는데, 이 경우는 독이 된 경우입니다. 결과적으로는 하나님의 개입으로 상황이 반전되기는 했으나, 이들의 두려움은 독과 같았습니다. 상황이 열악해지자 그들이 집단적인 광기에 가까운 공포를 느끼고 모세를 공격하기 시작합니다. 입에 담아서는 안 될 말을 걸러 낼 여유가 없습니다. 자존심을 버려두고 살던 노예 시절을 찬양하고 있습니다. 그들의 입에서 독이 나오고 있습니다.

이스라엘 백성들이 고난 앞에서 내뱉은 독설들을 분석해봅시다. 첫 번째 그들의 말입니다.

"왜 우리를 여기서 죽이려고 하느냐?"

보통 '왜'나 '어찌하여'라고 말하는 것은 창조적이고 분석적인 질문이 아닙니다. 이것은 싸늘한 냉소를 말합니다.

"잘한다, 잘해. 결국 이렇게 되려고 일했냐?"

일이 잘되면 자기 탓이고, 일이 잘못되면 남 탓을 하는 사람들입니다. 애굽을 빠져나올 때는 승리의 쾌감에 전율했습니다.

그런데 그들이 애굽의 거대한 군대를 보자, 혼이 나갔습니다. 그리고 희생양을 찾습니다. 제일 쉬운 희생양은 눈앞에 보이는 지도자 모세입니다. 문제가 어려워질 때, 지도자는 비난이나 비판을 받기 쉽습니다. 지도자가 되려는 사람은 그러려니 해야 합니다. 사람들 중에는 비난하는 사람들이 꼭 있습니다. 문제를 해결하기보다는 대들고 비난하고 비판하는 사람들이 있기 마련입니다.

문제는 우리가 그런 사람인지 아닌지를 알아야 합니다. 직장 안에서, 가정 안에서, 교회 공동체 안에서, 내가 누군가를 비판하고 있을 때 과연 믿음 때문인지, 돈 때문인지, 내 위치 때문인지 하나님 앞에서 자세히 들여다보아야 합니다. 깨닫지 못하는 사람은 평생 같은 문제를 반복합니다.

두 번째 말을 보십시오.

"우리를 내버려둬라. 우리가 애굽 사람을 섬길 거라고 하지 않았느냐? 애굽에서 사는 것이 여기서 죽는 것보다 낫겠다."

차라리 과거가 낫겠다. 애굽의 학정(虐政)에서 구출해달라고 애원할 때는 언제고, 고난이 닥치니까 "차라리 거기가 더 나았다"라고 말합니까.

과거로 돌아가서는 안 됩니다. 과거로 돌아간다는 말은 우리의 말이나 가치가 과거로 돌아가거나 과거가 좋다고 하는 것을 의미합니다. 예수 믿고 나서 어려움을 당하자, "아이고, 예수 믿으니 어려움이 닥쳐오는구나! 차라리 옛날이 좋았다. 그때는 이런 고난은 없었는데" 하면서 다시 예전으로 돌아간 사람들도 있습니다.

여러분, 빠져나온 애굽은 다시 돌아갈 곳이 아닙니다. 다시 돌아가면 죽습니다. 이스라엘 사람이 애굽으로 다시 돌아간다고 칩시다. 애굽에서 그들을 기다리고 있는 것은 가혹한 노동과 시달림뿐입니다.

그때가 되면, 그들은 또 이렇게 말할 것입니다.

"그때 광야에서 죽는 게 차라리 나았을 걸."

불평하는 사람은 무엇이든지 불평합니다. 비난하는 사람은 일이 어려워지면 금세 달려듭니다. '차라리'를 외칩니다. 어떤 모임에서 논의한 끝에 일이 결정되었습니다. 일을 진행하는 가운데 문제가 발생합니다. 그러자 그 모임에 있던 사람이 말합니다.

"나는 그때 마음속으로 동의하지 않았어. 결국 일이 이렇게 될 줄 알았다니까."

마음속으로 반대한 것이 무엇입니까? 반대한다면 표현해야 합니다. 설사 반대했더라도 일이 결정되고 통과되면 끝까지 동의하고 가야 합니다.

"내가 뭐랬냐. 이건 내가 결정한 게 아니야."

이런 말은 누구나 쉽게 할 수 있습니다. 비겁하지 않습니까?

그러나 하나님께서는 백성들에게 모세를 보내셨습니다. 그리고 구원을 다시 다짐하십니다. 하나님은 참 속도 좋으신 분 같습니다. 이런 몹쓸 인간들에게 변함없이 약속을 지키십니다. 하나님께서는 약속을 지키시는, 신실하신 분이라는 이유가 더 클 것입니다. 하나님은 자기 백성들과 한 약속을 그들의 믿음과 상관없이 지키십니다. 하나님의 사랑을 약속을 지키는 것으로 표현하십니다. 그리고 그들의 두려움을 해결해주십니다.

두려움의 끝에서 선택하라

어려운 상황이 되면 여러분은 어떻게 반응하십니까? 비난, 분노, 포기, 도망, 변명합니까? 아니면 긍정, 믿음, 도전, 수긍합니까? 무엇이 여러분의 믿음의 특징입니까?

고난이 우리를 덮칠 때, 우리의 본질을 볼 수 있습니다. 나의 본질을 볼 수 있습니다. 우리의 믿음이 '어찌하여'나 '차라리'가 되지 말아야 합니다. '어찌하여'는 회의적인 시각입니다. '차라리'는 과거 지향적인 시각입니다. 고난이 나를 덮칠 때 계속해서 '어찌하여'나 '차라리'를 외치고 있다면, 그 사람은 불행한 삶을 살 것입니다.

또한 공동체에 고난이 닥쳤을 때 공동체의 반응을 보면, 그 공동체의 본질을 알 수 있습니다. 지도자가 '어찌하여'나 '차라리'를 외치고 있다면, 그 공동체는 소망이 없습니다. 어느 모임에 어려움이 있을 때 "어찌하여 이 정도밖에 못하는가? 내가 뭐라고 했나. 이렇게 될 거라고 말했지?" 이런 말은 전혀 도움이 되지 못합니다.

우리는 이스라엘 백성이 한 것과 반대로 하면 됩니다. 우리도 고난이나 어려움이 있으면 두려워할 수 있습니다. 당연한 반응입니다. 심지어 '패닉 상태'에 빠질 수도 있습니다. 그럴 수 있습니다. 그때가 갈림길입니다.

두려운 상황과 환경은 우리가 어찌하지 못합니다. 그러나 우리가 그때 믿음으로 그 상황을 끌어안고 하나님의 동행과 역사를 기대하고 기다리느냐 아니면 주변의 무언가에 책임을 전가한다거나 내 힘으로 악을 쓰느냐는 선택할 수 있습니다. 그래서 두려움은 약이 되기도 하고 독이 되기도 합니다.

앞에서 이야기한 것처럼 고난 속에서 우리가 성숙해지느냐 강퍅해지느냐는 어쩌면 우리에게 맡겨진 선택의 문제일 수 있습니다. 두려움이 우리를 짓누르고 폭군처럼 몰아붙일 때 하나님께 부르짖어야 합니다. 부르짖되 겸허하게 부르짖어야 합니다. 때로는 침묵으로 부르짖어야 합니다.

하나님께 맡기고 동행을 구하십시오. 하나님이 일하십니다. 모세는 하나님의 약속을 믿었습니다. 큰 어려움일수록 하나님께서 크게 일하실 기회로 여겼습니다. 모세의 과거를 모른다면 여러분은 모세가 믿음이 좋다고, 이스라엘 백성들과는 격이 다르다며 감탄하실 것입니다. 그러나 그렇지 않습니다. 모세도 출발이 크게 다르지 않은 사람이었습니다. 그는 애굽 사람을 죽인 후에 탄로가 나자 두려워했습니다.

> 모세가 두려워하여 이르되 일이 탄로되었도다 출 2:14

사람이 무서워 도망친 사람입니다. 그런 그가 40년의 세월이 흐른 후, 하나님을 두려워하는 사람이 되었습니다.

> 또 이르시되 나는 네 조상의 하나님이니 아브라함의 하나님, 이삭의 하

나님, 야곱의 하나님이니라 모세가 하나님 뵈옵기를 두려워하여 얼굴을 가리매 출 3:6

사람을 두려워하는 사람에서 하나님을 두려워하는 사람이 되기까지 40년이 걸렸습니다. 그제야 하나님께서 쓰십니다. 힘이 다 빠지고 볼품없어지고 말도 어눌한 모세를 하나님이 쓰십니다. 그것도 세계 역사를 바꿀 거대한 일의 핵심으로 쓰십니다.

모든 두려움의 끝에는 기다리고 있는 것이 있습니다. 바로 선택입니다. 무엇이 두려운지는 사람마다, 상황마다 다 제각각일 수 있지만 마지막에는 선택해야 합니다. 두려움에 파묻혀 사람의 길로 갈지 하나님의 길로 갈지….

믿음의 길로 걷는 사람

우리는 고난 때문에 기적을 경험합니다. 우리는 두려움을 극복하는 믿음의 길을 따라야 합니다. 모세는 두려움을 이기고 승리하는 믿음의 길을 제시합니다. 두려워하고 원망하는 백성들을 꾸짖는 대신에 하나님의 약속을 들려줍니다. 백성들을 격려하며 믿음의 길로 초대하고 있습니다. 그것은 세 가지 동사로 나타납니다.

첫째, 두려워하지 말라! Fear not!

둘째, 가만히 서라! Stand still!

셋째, 보라! Watch Him!

첫째, 두려워하지 말라!

두려울 때, 두려워하지 말라는 주님의 음성을 기억하십시오. 일단 마음을 가라앉혀야 합니다. 문제나 상황을 보면, 겁이 나게 마련입니다. 그렇지만 주님의 약속을 의지해 스스로에게 말해야 합니다.

"주께서 함께하시니, 너는 두려워하지 말라."

이사야서 26장 3절 말씀이 바로 그런 뜻입니다.

주께서 심지가 견고한 자를 평강하고 평강하도록 지키시리니 이는 그가 주를 신뢰함이니이다

내가 암 선고를 받고도 평안할 수 있었던 것은 주를 바라보았기 때문입니다. 두렵지 않았다는 말이 아닙니다. 의심이 들지 않았다는 말이 아닙니다. 두려움에 머무르지 않기로 선택했다는 뜻입니다. 제가 주님을 바라볼 수 있도록 많은 분들이 기도해주었습니다. 교우들의 기도, 신학생들의 기도, 친구들의 기도, 가족들의 기도가 강하게 제 마음을 붙잡아주었습니다. 심지어 20년 만에 미국에 있는 지인(知人)으로부터 "너를 위해 기도하고 있다"는 내용의 이메일도 받았습니다.

둘째, 가만히 서라!

두려움에 머물지 않기로 선택한 후에는 확고하게 문제를 바라보고 서야 합니다. 이스라엘 백성은 잠잠히 서 있어야 했습니다. 군대를 마

주 보고 서야 하고, 홍해도 마주 보고 서야 합니다.

빌립보서 1장 27,28절을 보십시오.

오직 너희는 그리스도의 복음에 합당하게 생활하라 이는 내가 너희에게 가보나 떠나 있으나 너희가 한마음으로 서서 한뜻으로 복음의 신앙을 위하여 협력하는 것과 무슨 일에든지 대적하는 자들 때문에 두려워하지 아니하는 이 일을 듣고자 함이라 이것이 그들에게는 멸망의 증거요 너희에게는 구원의 증거니 이는 하나님께로부터 난 것이라

뒤로 물러서지 말아야 합니다. 한마음 한뜻으로 당당하게 서 있어야 합니다.

셋째, 보라!

마지막으로 하나님께서 일하시는 것을 보십시오. 세상은 보는 것을 믿습니다. 보는 대로 따라 삽니다. 우리는 믿는 것을 봅니다. 믿음을 따라 삽니다. 세상은 계산되는 것만 따릅니다. 그 이상은 보지 않으려 합니다. 그러나 우리는 계산되지 않는 것도 봅니다.

주님이 다시 오신다는 것이 보여서 믿습니까? 아니지 않습니까? 하나님의 창조를 증명하지 못하는 것처럼 주님의 재림도 증명하지 못합니다. 이것은 오직 믿음으로만 볼 수 있습니다.

기적을 경험하는 삶

따라서 우리는 상식 밖의 일, 세상이 이해하지 못하는 일들을 경험하며 삽니다. 노아의 방주 사건은 그 시대에 이해될 수도, 이해할 수도 없는 사건이었습니다. 그러나 노아는 하나님의 말씀을 아무 조건 없이 따랐습니다. 계산하지 않았습니다. 아브라함도 갈대아 우르를 떠났습니다. 보는 대로 걷지 않고, 믿음대로 걸었습니다. 토씨 하나 달지 않았습니다.

여리고 성이 무너진 것은 싸워서가 아닙니다. 하루에 한 바퀴씩, 일주일째는 일곱 바퀴를 돌라고 하신 하나님의 명령을 따랐기 때문입니다. 상식 밖의 일입니다. 과학적인 데이터 밖의 일입니다. 말도 안 되는 사건입니다. 그러나 이런 일이 일어납니다.

이 사람들의 공통점은 무엇입니까? 믿음으로 보이는 것 너머의 것을 보았다는 점입니다. 조건을 다 갖춘 후에 믿음을 행사할 수는 없습니다. 모든 것을 다 보고 믿음을 행사할 수는 없습니다. 기적은 보이는 것, 계산되는 것의 반대말이기 때문입니다.

'내 인생에 왜 기적이 없을까?' 하고 생각해본 적이 있습니까? 그렇다면 믿음의 선택을 하지 않았기 때문입니다. 믿음의 길을 걸어가는 사람은 기적을 경험합니다.

고난 속에서 더 큰 하나님을 만납니다. 하나님은 두려움에 빠진 백성과 함께 계십니다. 내 힘으로 할 수 없는 기이한 일들을 하나님이 행하시기 때문입니다. 믿음의 길을 따르십시오. 고난도 마찬가지로 생각하면 됩니다.

하나님께서 고난을 허락하셨다면, 우리의 피할 길과 보호하실 방법도 준비하셨다는 것을 믿어야 합니다. 내가 이해할 수 없는 고난, 실패, 역경 등의 어려운 문제일지라도 다 하나님의 손에 있습니다. 하나님은 자기 백성을 위해 기적을 행하십니다.

우리는 고난 앞에서 불평하기 쉽습니다. 그러나 믿음대로 행하면, 고난 때문에 기적을 경험합니다. 오히려 기적이 더 강력하게 나타납니다. 하나님의 임재의 손길, 능력의 손길, 대신 싸워주시는 손길이 나타납니다. 두려워하지 맙시다. 담대하게 서 있읍시다. 그리고 하나님의 능력을 바라봅시다. 믿음으로 행동하는 사람은 하나님의 임재 가운데서 기적을 경험할 것입니다.

오늘이 기적입니다

암에 걸렸다는 사실을 주변 사람들에게 알리는 날, 참 힘들었던 기억이 납니다. 저는 나름 담대하게 마음 정리를 하고 사람들에게 알렸는데 그 반응은 매우 뜨거웠습니다. 그게 좋았는지 나빴는지는 사실 잘 모르겠습니다. 담담하게 반응하는 사람을 보면 '저 사람은 내 걱정도 안 되나' 하는 생각이 들었고, 지나치게 흥분하는 사람을 보면 '아니, 저건 아닌데' 하는 생각이 들었으니까요. 제가 은연중에 긴장했던 까닭일 것입니다. 아무튼 그중에서도 장모님과 의사 성도의 반응이 가장 기억에 남습니다.

나름 평안을 유지하며 잠을 자려고 하는데, 밤 10시에 전화벨이 울렸습니다. 장모님이 전화해서는 막 우십니다. 거의 통곡을 하셨습니다. 물론 전화는 아내가 받았지만 제 귀에 다 들립니다. 걱정이 많이 되셔서 전화하시는 것도 이해가 되었지만 너무하셨던 것 같습니다. '나, 내일 죽는 것인가' 하는 생각까지 들었으니까요.

주일예배 때 성도들에게 이 사실을 알렸습니다. 예배를 마친 후에 평소에 사랑스럽던 여자 의사 성도가 다가와 제게 말했습니다.

"목사님, 간암에 걸려서 얼마나 다행이에요, 정말 다행이에요!"

저는 순간 당황했습니다. 장모님 때문에 당황스러웠던 것만큼이나 당황스러웠습니다.

'도대체 내가 뭘 다행으로 여겨야 하지?'

위로로 받아들이기에는 어려운 이야기였습니다. 보통 병에 걸린 사람에게 위로하는 말로 "암이 아니라 얼마나 다행이에요" 이런 말은 많이 하지만, 간암이라서 다행이라는 말은 처음 들어보았기 때문입니다.

3년여의 세월이 흐른 지금은 그 말이 이해가 되고, 저도 간암인 것이 참 다행이라고 생각합니다. 간암은 다른 암에 비해 치료 방법이 다양한 편이고, 안 되면 이식도 가능하기 때문입니다. 색전술도 간암만 가능한 시술입니다.

하나님께서는 지금까지 저를 죽이지도, 그렇다고 아주 살리지도 않으신 채 이렇게 살게 하십니다.

'이렇게 살리실 거면 아예 기적처럼 암을 깨끗하게 없애주시면 안 되나?'

저도 이런 생각을 수도 없이 했습니다. 그러나 아직까지 그런 일은 일어나지 않았습니다. 그 과정은 험한 골짜기를 지나고, 푸른 풀밭도 지나가고, 뜨겁고 메마른 사막도 지나 온화한 지중해를 지나가는 것 같기도 합니다. 냉탕과 온탕을 번갈아가듯 다양하게 경험하도록 하십니다.

두려움과 감사가 날마다 교차합니다. 언제 이 과정이 끝날까 한숨이 나오기도 하고, 하나님과의 동행으로 가슴이 벅차기도 합니다. 그렇게 3년이 지나다 보니 지금까지 제가 살아 있는 것도, 나눔교회가 성장해가고 있는 것도 기적임을 깨닫습니다.

하나님이 날마다 기적을 행하고 계시다는 것을 알았습니다. 바로 오늘이 기적인 것을 모르고 지난 3년 동안 무지개를 쫓아다니던 소년처럼 살았습니다. 3년 동안 못한 것이 없습니다. 목회도 열심히 하려고 하지만 테니스도 열심히 치고 있습니다. 이번 여름에 테니스를 치다가 얼굴이 좀 그을어서 아내에게 잔소리를 들었습니다. 사람들은 간이 나빠져서 얼굴색이 그런 줄 안다며 왜 사람들 걱정을 시키느냐고 나무랐습니다.

하나님은 제가 우울해하고 힘겨워하는 두려움의 시간들마다 하나님의 방법으로 채워주시고 그분의 수준으로 이끌어주셨습니다. 하나님은 어떤 생각이 있으신지, 어떤 감정이 있으신지, 어떤 계획이 있으신지 그때마다 보여주시며 인도해주셨습니다.

저는 지금 제가 신학 공부를 하고 목회를 하던 그 어느 때보다 더 하나님을 알아가고 있습니다. 이것이 기적입니다.

| 동행의 **약속** ; 두려울 때 |
두려운 상황과 환경은 우리가 어찌하지 못합니다.
그러나 주님의 동행을 구할지 환경을 탓할지는 선택할 수 있습니다.

3 야곱이 세일 땅 에돔 들에 있는 형 에서에게로 자기보다 앞서 사자들을 보내며

4 그들에게 명령하여 이르되 너희는 내 주 에서에게 이같이 말하라 주의 종 야곱이 이같이 말하기를 내가 라반과 함께 거류하며 지금까지 머물러 있었사오며

5 내게 소와 나귀와 양 떼와 노비가 있으므로 사람을 보내어 내 주께 알리고 내 주께 은혜 받기를 원하나이다 하라 하였더니

6 사자들이 야곱에게 돌아와 이르되 우리가 주인의 형 에서에게 이른즉 그가 사백 명을 거느리고 주인을 만나려고 오더이다

7 야곱이 심히 두렵고 답답하여 자기와 함께한 동행자와 양과 소와 낙타를 두 떼로 나누고

8 이르되 에서가 와서 한 떼를 치면 남은 한 떼는 피하리라 하고

9 야곱이 또 이르되 내 조부 아브라함의 하나님, 내 아버지 이삭의 하나님 여호와여 주께서 전에 내게 명하시기를 네 고향, 네 족속에게로 돌아가라 내가 네게 은혜를 베풀리라 하셨나이다

10 나는 주께서 주의 종에게 베푸신 모든 은총과 모든 진실하심을 조금도 감당할 수 없사오나 내가 내 지팡이만 가지고 이 요단을 건넜더니 지금은 두 떼나 이루었나이다

11 내가 주께 간구하오니 내 형의 손에서, 에서의 손에서 나를 건져내시옵소서 내가 그를 두려워함은 그가 와서 나와 내 처자들을 칠까 겁이 나기 때문이니이다

12 주께서 말씀하시기를 내가 반드시 네게 은혜를 베풀어 네 씨로 바다의 셀 수 없는 모래와 같이 많게 하리라 하셨나이다

창세기 32장 3-12절

| 창 32:3-12 |

chapter 09 '죄의 결과'가 두려울 때

나의 죄를 직면하면 주님이 해결해주신다

죄에 대한 두려움

우리 집에 아주 작고 새하얀 강아지 한 마리가 삽니다. 이름은 '꼬빈'입니다. "꼬마 귀빈"이기도 하고, "꼬마 빈대"이기도 합니다. 착할 땐 꼬마 귀빈이고, 못된 짓을 할 땐 꼬마 빈대입니다. 이렇게 사랑스럽고 앙증맞은 몰티즈가 못된 짓을 할 수 있을까요? 네! 합니다.

간혹 가족 모두가 집을 비울 때가 있습니다. 이때 자칫 쓰레기통에 버린 과자 부스러기나 닭 뼈 등이 남아 있을 경우에는 어김없이 쓰레기통을 뒤집니다. 작고 예쁜 주둥이에 온통 기름을 묻혀가며 작업을 합니다. 쓰레기통의 내용물이 마치 유물 전시회에 나온 전시품처럼 온 집안에 펼쳐집니다. 그리고 우리가 집에 들어오면, 슬슬 피합니다.

평소처럼 반기지 않습니다. 꼬리를 쏙 내리고 비굴한 눈빛을 보냅니다. 살살 눈치를 봅니다.

왜 그런 줄 아십니까? 쓰레기통을 뒤지면 혼나는 줄 알기 때문입니다. 강아지도 죄책감이 있습니다. 잘못된 것을 압니다. 죄를 지으면 혼난다는 것을 알고 있습니다. 회개할 정도의 죄책감은 아닐지 모르지만, 얼마간의 죄책감은 있습니다.

하물며 사람에게는 그런 마음이 없겠습니까? 죄를 지으면, 어떤 결과가 올지에 대해 두려운 마음이 있습니다. 그래서 피하기도 하고, 숨기도 하고, 덮기도 합니다. 때로는 다른 사람에게 뒤집어씌우기도 합니다. 그러나 양심의 소리는 계속해서 따라다닙니다.

죄의 결과는 마음속의 싸움만을 뜻하지 않습니다. 환경이나 관계에 무서운 결과를 가져오기도 합니다. 여러분은 죄 때문에 두려워해보신 적이 있을 것입니다. 죄 때문에 다가온 두려움을 어떻게 해결하십니까? 피합니까? 숨깁니까? 아니면 부인합니까? 다른 사람에게 뒤집어씌웁니까? 무엇이 가장 지혜로운 해결책입니까?

죄의 결과

죄는 두려움과 죄의 결과를 초래합니다. 야곱은 에서를 다시 만날 생각에 자신이 지은 죄로 두려워하고 있습니다. 자기가 과거에 지은 죄가 있기 때문입니다. 야곱은 형과 아버지를 둘 다 속이는 이중(二重)의 죄를 저질렀습니다. 성경은 형 에서가 장자권을 소홀히 했으니 에서의 책임이라고 말합니다. 분명히 에서는 큰 잘못을 저지른 사람입니다. 아무리 배가 고파도 장자권을 팔아서는 안 됩니다. 서류를 작성한 것은 아니지만, 당시에는 말에 구속력이 있었습니다. 한번 선포된 말을 주어 담을 수는 없었습니다. 하나님이 들으셨고, 야곱이 들었고, 에서가 들었습니다.

　무엇보다 중요한 사실은 하나님의 것을 가벼이 여기는 말을 하나님께서 들으셨다는 사실입니다. 내가 신경써서 준비한 선물을 방바닥에 굴러다니게 두는 사람을 본다면 여러분은 어떤 기분이 들겠습니까? 에서는 가장 중요한 것을 버렸습니다. 그의 영혼이 비어 있었기 때문입니다. 에서는 참 많은 것을 가진 사람이었습니다. 하지만 그의 영혼에 하나님이 없었습니다. 하나님이 마음에 없으니까 축복을 낡아빠진 헌신짝같이 발로 차버렸습니다.

　하나님이 주시는 복은 함부로 말해서도 안 되고, 가볍게 여겨서도 안 됩니다. 그렇지만 다른 각도에서 생각해볼 부분이 있습니다. 야곱의 방법입니다. 야곱의 방법은 비열하기 그지없습니다. 아무리 하나님이 주시는 복이 소중해도 취하는 방법이 좋아야 했습니다.

　야곱은 형이 무엇에 약한지를 알고 있었습니다. 야곱은 약삭빠르고 계산이 빠른 사람입니다. 에서는 동물을 사냥하는 사람이지만 야곱은 형을 사냥하는 사람입니다. 야곱은 형이 제일 피곤하고 약할 때, 배가 고프고 만사가 귀찮아질 때를 노렸습니다. 그리고 치고 들어갔습니다. 형이 원하는 팥죽을 주고 장자권을 샀습니다. 얼마나 오랫동안 기다린 기회였는지! 야곱은 형의 약점을 이용해서 목적을 이룬 사람입니다.

그가 축복을 바란 것은 잘못이 아닙니다. 그러나 축복을 받기 위해 관계를 깨뜨린 것은 잘못입니다. 이때 에서나 야곱의 나이가 60세쯤입니다. 어린 나이의 치기로 이런 일을 벌인 것도 아닙니다. 이 일이 빌미가 되어 가족 관계가 틀어지기 시작합니다. 어머니 리브가는 야곱 편을 들고, 아버지 이삭은 에서 편을 듭니다. 문제 가정입니다. 이런 가정이 하나님의 쓰임을 받았다니, 여러분도 소망을 가지십시오. 제가 볼 때 여러분의 가정이 야곱 가정보다는 나을 것 같습니다.

이삭이 형 에서에게 여전히 축복을 주려고 하자, 드디어 야곱은 축복을 빼앗을 결심을 합니다. 이번에는 어머니 리브가가 선수를 칩니다. 남편을 속이기 위해 야곱을 에서처럼 변장시키고 눈이 먼 남편의 축복을 받아내게 합니다. 이 사실을 안 에서가 드디어 폭발합니다. 야곱을 죽이려고 합니다. 가정이 무너질 위기에 처했습니다. 결국 야곱은 자기 삼촌이 있는 하란 지방으로 도망을 갑니다. 그리고 거기서 20여 년을 보냅니다. 끝내 야곱은 사랑하는 어머니를 더 이상 보지 못합니다. 어머니 리브가는 자신의 소중한 아들을 잃습니다. 리브가를 생각하면 참 안됐습니다. 자신의 큰아들의 것을 빼앗아서라도 좋은 것을 주고 싶었던, 끔찍이 사랑하던 둘째아들이었습니다. 리브가는 결국 죽을 때까지 야곱의 얼굴을 보지 못합니다. 이보다 더한 죄의 대가가 있을까 생각해봅니다.

결과를 정리해볼까요? 첫째, 야곱은 도망쳐야만 했습니다. 둘째, 야곱은 어머니를 다시 보지 못합니다. 셋째, 형과 원수가 되었습니다. 살인을 불러일으킬 정도의 원수가 되었습니다. 넷째, 야곱은 하란에서 자기 삼촌에게 속고 이용당합니다. 다섯째, 가족들이 찢기고 헤어집니다. 여섯째, 에서는 야곱 민족과 영원한 적국이 됩니다. 서로 대단히 미워하는 관계가 되었습니다.

이것이 바로 죄의 결과입니다. 건강하지 못한 방법을 사용한 대가가 너무 크지 않습니까? 그는 형과 원수가 되지 않는 방법을 고려했어야만 합니다. 하나님의 손길을 의지했다면 하나님의 때와 방법을 사용할 수 있었을 것입니다. 하나님보다 앞서 나가면, 이런 결과가 생깁니다.

이런 과거가 있는 야곱이 20년이 지난 지금, 형을 두려워하는 것은 당연한 반응입니다. 죄는 두려움을 불러일으킵니다. 당장은 피할 수 있을 것 같습니다. 도망치면 됩니다. 그러나 언젠가 때가 되면, 직면해야 할 때가 옵니다. 거짓말을 하면 거짓말한 결과에 대해 직면할 때가 옵니다. 영원히 숨길 수 있을 것 같습니까? 그렇지 않습니다. 인간이 밝혀내지 못하면, 하나님이 밝혀내실 것입니다. 죄는 사람에게 두려움을 가져옵니다.

야곱에게 배울 점

우리는 야곱에게 배워야 합니다.

첫째, 죄의 결과를 직면할 때가 온다는 것을 깨달아야 합니다.

잘못된 일을 하고도 모르고 지날 때가 있습니다. 알고도 변명하면서 별것 아니라고 지날 때도 있습니다. 심각하지만 숨기고 싶어서 지날 때가 있습니다. 어떤 경우든 시간이 흘러 양심이 말할 때가 있습니다. 혹은 상황을 직면하도록 만들 때가 있습니다. 두려움이 밀려옵니다. 바로 그때 직면해야 합니다. 피하려고 하면, 더 쫓아옵니다. 당장 대가를 지불하지 않으면, 나중에 더 큰 대가를 지불해야 합니다. 지금 지불하지 않으면, 나중에 이자까지 붙여서 지불해야 할 때가 옵니다.

모든 죄의 결과는 죽음입니다. 로마서 6장 23절은 "죄의 삯은 사망이요 하나님의 은사는 그리스도 예수 우리 주 안에 있는 영생이니라"라고 선포합니다. 죄 때문에 내 영혼이 침울해집니다. 어둠에 잠깁니다. 관계가 깨어집니다. 죽음과 같은 고통이 엄습합니다. 결국 하나님과의 관계도 깨집니다. 죄는 여러 면에서 죽음을 가져옵니다.

둘째, 두려움 앞에서 즉시 기도해야 합니다.

야곱은 두려움의 끝에서 하나님의 도움을 간절히 구합니다. 칠흑같은 어둠 속, 아무도 없는 광야에서 드디어 야곱이 하나님을 찾습니다. 두려움은 하나님을 갈망하게 하는 좋은 도구가 됩니다. 이제 야곱은 앞으로 갈 수도 뒤로 갈 수도 없는 상황입니다. 답답합니다. 과거에는 삼촌 집으로 도망해서 자신의 죄와 직면하는 것을 회피했습니다. 자신의 방법으로 죄의 결과에서 구원을 받은 것입니다. 그러나 이제는 더 이상 도망갈 곳이 없습니다. 드디어 무릎을 꿇고 기도합니다. 진지하고 겸허합니다.

야곱은 식구들을 먼저 보내고 진땀을 흘리며 생명을 건 기도를 합니다. 얍복강에서의 씨름은 천사와의 씨름이었지만, 사실 자신의 과거와의 싸움입니다. 자기 주도적인 생각과 계획들로 꿈틀거리던 야곱이 변해 '이스라엘'이 되는 씨름이었습니다. 옛 야곱은 죽고, 새로운 야곱이 탄생하는 순간이었습니다. 자신의 꾀가 얼마나 비루하고 미련했는지를 깨닫고 하나님을 만나게 되었습니다. 그토록 원했던 하나님의 축복을 이제 깨닫게 되었습니다.

죄 때문에 하나님을 더 깊이 만나는 계기가 되었다고 할 수 있습니다. 그러나 죄를 정당화하지는 않습니다. 꼭 죄를 지어야 하나님을 깊이 만나는 것은 아닙니다. 제 말은, 어쩔 수 없는 과거의 잘못이 있다면 직면하고 인정하며 해결하고 가야 한다는 것입니다.

어두운 과거를 해결하면, 우리 또한 야곱에서 이스라엘이 될 것입니다. 그러나 직면하지 않고 해결하지도 않으면, 계속 야곱으로 살아갈 것입니다. 술수를 쓰는 야곱, 거짓말하는 야곱, 관계를 깨뜨리는 야곱이 될 것입니다.

셋째, 죄의 대가를 지불해야 합니다.

우리는 주님 안에서 회복과 성장을 경험합니다. 야곱은 참 많은 대가를 지불해야 했습니다. 야곱은 새로운 사람이 되었지만, 이미 뿌린 씨의 열매는 거두어야 했습니다. 하나님의 방법보다 자기 방법에 충실했던 야곱입니다. 이미 자기의 아들들이 많은 것을 보고 자랐습니다. 가나안 땅에 들어온 야곱의 아들들은 각양각색의 문제가 있습니다. 둘째 시므온과 셋째 레위는 자기 여동생인 디나를 욕보였다고 세겜 성 사람들을 잔인하게 죽입니다. 첫째 르우벤은 아버지의 첩인 빌하와 동침합니다. 또한 다른 형제들은 요셉을 시기해서 미디안 상인들에게 노예로 팔아버립니다. 아무리 미워도 이렇게까지 하다니, 정말 심각한 문제 가정 아닙니까? 그리고 아버지 야곱을 속입니다.

야곱 자신이 편애 때문에 가족 해체를 경험하지 않았습니까? 그 과정에서 배울 만도 했는데, 똑같은 모습을 보입니다. 자신도 요셉을 편애하는 것으로 형제간의 시기심을 불러일으킵니다. 편애, 속임, 시기와 질투, 성적 타락, 잔인함…. 이 모두가 자신에게 충실했던 야곱이 뿌린 씨앗입니다. 자녀들도 야곱의 자기중심적 삶을 그대로 본받았습니다. 자기 형을 속였던 야곱이 이제는 자식들로부터 속임을 당합니다. 자식들이 뒤통수를 칩니다. 그것도 아주 세게, 정통으로! 어릴 때부터 배운 것은 쉽게 바뀌지 않습니다. 바뀌지 않는 것은 대가를 지불하며 배워야 합니다.

하나님은 우리를 훈련시킬 다른 방법이 없을 때에는 고난을 동원해서라도 배우게 하십니다. 야곱 역시 자기가 편애하는 아들을 빼앗깁니다. 참 기가 막힐 노릇입니다. 그러니 자식 편애하지 마십시오. 그 자식을 못 볼 수도 있습니다. 사랑하는 자식과 헤어질 수 있습니다.

물론 저는 인과응보(因果應報) 사상을 말하는 것이 아닙니다. 인과응보는 지나치게 인과관계를 강조합니다. 법칙을 만드신 하나님보다 법칙을 더 중시하는 사상입니다. 그리고 모든 일에 인과응보를 적용하다보면, 억지가 생길 수 있습니다. 누가 원인과 결과를 정확하게 판단할 수 있습니까? 하나님 외에는 알지 못합니다. 우리는 어렴풋이 알 뿐입니다. 그리고 인과 관계가 아닌 일이 일어날 수도 있습니다.

하나님의 개입이 인과관계를 넘어설 수 있습니다. '인과의 법칙'이 아닌 '은혜의 법칙'이 적용됩니다. 야곱의 예가 그렇습니다. 인과응보라면 야곱은 잘못되어야 마땅합니다. 그러나 하나님의 개입과 축복 때문에 결국 잘됩니다. 하는 행동으로 보면 야곱의 자식들은 다 죄 값으로 죽어야 마땅합니다. 요셉 한 사람만 빼고 말입니다. 그런데 이들이 이스라엘 민족의 조상이 됩니다. 하나님의 은혜의 법칙 때문입니다.

하나님의 방법

이렇게 대가를 지불하지만, 많은 것을 배웁니다. 하나님께서는 은혜 가운데 배우게 하십니다. 죄 때문에 고난이 오기도 합니다. 그러나 우리가 대가를 지불하도록 하는 것이 하나님의 목적은 아닙니다. 자식이 잘못했는데, 매를 대는 것이 부모의 목적입니까? 아닙니다. 자식이 잘되게 하려고 그렇게 하는 것입니다.

아내가 막내아들에게는 지나치게 관대한 편이었습니다. 제가 아무리 말을 하고 주변 사람들이 말해도 못 알아들었습니다. 제가 아닌 아들에게 콩깍지가 낀 것을 바로 옆에서 지켜보았습니다. 그런데 어느 날 하나님이 아내에게 아들의 잘못을 직면하게 만드셨습니다. 아내는 그제야 그냥 내버려두었다가는 사랑하는 아들이 망할 수도 있다는 사실을 깨달았습니다. 두려웠다고 합니다. 그리고 자신이 아들을 훈계해야 한다는 사실을 알고는 아들을 가르쳤습니다. 그런데 아들이 말로 해서는 듣지를 않았습니다.

드디어 아내가 매를 들 결심을 했습니다. 아들을 불러놓고 조곤조곤 이야기합니다. 네가 약속을 지키기 않아서 매를 들 수밖에 없다고 설득합니다. 사실 너를 일찍 훈계했어야 했는데 엄마가 실수했노라고. 다행히 네가 사춘기에 들어서기 전에 하나님이 깨닫게 해주셔서 매를 들겠다고 했습니다. 처음 맞아보는 거라 많이 힘들겠지만 참으라고도 당부합니다.

오랜 기간 실수를 하긴 했지만 제대로 대처하는 것을 보았습니다. 그러고는 약속대로 매를 때리기 시작했습니다. 그런데 어디 한번 매를 든다고 오랜 시간 쌓인 습관이 단번에 바뀌겠습니까. 한 주가 지날 때마다 매의 횟수가 늘어갑니다. 저도 걱정이 되었습니다. 아내에게 제가 하겠다고 눈치를 보며 말했지만 아내는 자신이 끝까지 책임지겠다고 단호하게 말합니다. 자신이 잘못 양육한 탓에 아들이 잘못된 습관을 가지게 됐으니 자신이 책임져야 한다고 합니다. 그런데 제게는 그 말이 "사랑하는 내 아들, 나 말고 아무도 건드리지 못해!"라는 말로 들렸습니다. 무섭습니다. 결국 매를 스무 대 때리게 된 날입니다. 아내가 말합니다.

"여보, 나 겁나. 스무 대를 어떻게 때리죠? 매를 맞고도 아이가 달라지지 않으면 어떡하죠?"

한 시간 넘도록 아들의 종아리에 스무 대를 때린 날, 아들도 울었지만 아내도 울었습니다. 아내가 눈이 벌게져서는 뒤돌아 눈물을 훔치던 것을 기억합니다. 아내는 지금도 그때의 두려움을 이야기합니다. 다행히 아들이 잘못을 깨닫고 시인했습니다. 아내는 그 사실에 고마워합니다. 아들이 저지른 잘못은 기억하지 않고, 그저 잘못을 깨달아 준 것을 고마워합니다. 사랑하기 때문입니다.

하나님 아버지도 우리에게 그렇게 하십니다. 우리가 그분의 사랑하는 자녀이기 때문입니다. 우리를 성숙한 사람으로 자라게 하기 위해서입니다.

우리가 직면해야 할 문제

우리는 무엇에 직면하고 또한 성장해야 할까요? 네 가지 영역(Self, Silver, Sluggard, Sex)에 대해 간단하게 살펴보겠습니다. 우리는 이 영역들을 이겨나가야 합니다.

Self(자기중심)

야곱이 늘 직면해야 했던 문제입니다. 자기중심적인 사람은 모든 관계를 자신의 목적을 이루는 수단으로 삼습니다. 이 세상에 자기보다 더 소중한 것이 없습니다. 그래서 욕망이 앞섭니다. 모든 문제의 근원에는 늘 자신의 욕심과 목표가 있습니다. 자신이 우상입니다. 신앙인일지라도 하나님의 때를 기다리지 않고 인간의 방법으로 해결하는 사람은 자신을 섬기는 사람입니다.

우리는 늘 두 가지 질문을 해야 합니다.

"지금 하려는 일이 필요를 채우기 위해서인가 아니면 욕망을 채우기 위해서인가?"

"나를 기쁘게 하는가 아니면 하나님을 기쁘게 하는가?"

우리는 갈등이 생길 때마다 필요 때문인지 욕망 때문인지, 나인지 하나님인지 항상 질문을 함으로써 자기를 돌아보아야 합니다. 야곱이 얍복강에서 바뀌었던 것처럼 우리도 바뀌어야 합니다. '나'라는 얍복강을 건너야 합니다.

Silver(돈)

지나치게 돈의 노예로 사는 사람은 많은 것을 놓칩니다. 사람과의 관계를 놓칩니다. 영적인 자산을 놓칩니다. 봉사할 기회를 놓칩니다. 죄를 짓고 삽니다. 그런 다음 나중에 몹시 후회합니다. 돈을 좇는 동안에는 아무것도 보이지 않기 때문입니다. 나중에라도 깨달을 수 있다면 다행입니다. 언젠가 얍복강에서 씨름해야 한다는 것을 알아야 합니다. 기도하고 '돈'의 얍복강을 건너가야 합니다. 먼저 이 세상 누구도 충분한 돈을 가진 사람은 없다는 것을 기억하십시오. 그리고 돈은 쓰는 만큼만 내 돈임을 알아야 합니다. 무엇보다 주님과 그의 나라를 위해 쓰십시오.

Sluggard(게으름)

게으름은 우리의 적입니다. 게으름도 죄입니다. 게으름에는 두 가지 종류가 있습니다.

첫째, 부지런하지 않은 것입니다. 천성적으로 게으른 사람이 있습니다. 부지런하기 위해서도 노력해야 합니다. 전에 게으른 것으로 잘못된 결과가 나왔다면, 이제는 반복하지 말아야 합니다. 이런 사람은 부지런히 일해도 죽지 않는다는 사실을 기억해야 합니다.

둘째, 우선순위가 잘못된 것입니다. 바쁘게 사는 사람은 전혀 게으르지 않은 것처럼 보입니다. 그런데 자기가 꼭 해야 할 일은 정작 미루고 사는 사람이 있습니다. 하고 싶은 것만 하고 사는 사람도 게으른 사람입니다. 하필이면 아내와 저는 둘 다 이런 성향의 사람들입니다. 좋아하는 일이 아니면 동기 부여가 잘 안 됩니다. 이 가정이 잘 굴러가는 것은 하나님의 은혜입니다.

어떤 가장(家長)의 이야기를 해봅시다. 자기가 좋아하는 운동이라면 어떻게든 시간을 내서 합니다. 그런데 집안 식구를 위해, 자식을 위해 시간을 내라고 하면, 어떤 핑계를 대서라도 빠져나갑니다. 게으른 사람입니다. 이것은 죄입니다. '게으름'이라는 얍복강을 건너가야 합니다. 그렇지 않으면, 우리는 얍복강 저편으로 나가지 못하고 그 자리에

서 머무는 인생이 될 것입니다

Sex(성적인 죄)

성적인 죄입니다. 많은 영적 지도자들이 성적인 죄 때문에 사역 도중에 하차했습니다. 처음에는 좋은 감정으로 시작됩니다. 상담자와 피상담자의 관계로 만납니다. 그러다가 관계가 발전해서 부정한 관계가 되기도 합니다. 세상에서는 혼전 성관계를 별것 아닌 것처럼 말합니다. 모 여대에서 행한 설문에서, "혼전 순결을 지켜야 하는가?"라는 질문에 80퍼센트 이상이 그럴 필요가 없다고 대답했습니다. 5명 중에 4명이 꼭 혼전 성경험이 있다는 말은 아니지만, 대수롭지 않게 생각한다는 말입니다.

결혼 후에도 애인을 두고 사는 것을 취향이고 개인적인 선택이라고 말하는 사람들이 있습니다. 아닙니다. 이것은 분명히 죄입니다. 성경은 남녀 간의 결합은 결혼 관계 안에서만 해야 한다고 말씀합니다. 자녀들이 결혼 전에 순결을 지키도록 가르칩시다. 남자아이들도 마찬가지입니다. 우리는 주님을 의지하고 나를 침몰시키려는 '성적'(性的) 얍복강을 건너가야 합니다.

무서운 죄의 파괴력

성경에서 말하는 죄가 단순히 나와 하나님과의 관계에만 관련된다고 생각하십니까? 내가 하나님께만 범죄했다고 생각하십니까? 맞는 말이기도 하지만 틀린 말이기도 합니다. 죄를 판단할 분은 하나님밖에 없으시기 때문에 하나님께만 죄를 지었다고 하는 다윗의 고백은 맞습니다(시 51:4). 하지만 죄의 영향력을 가만히 생각해보십시오. 자신을 하나님 자리에 둔 죄, 돈을 우상삼은 죄, 게을러서 짓는 죄, 성적인 죄를 모두 가만히 들여다보면 개인적인 것이 하나도 없습니다. 모든 것이 주변과 연결되어 있습니다. 죄는 내가 짓지만 그 영향력은 주변과 주위 사람들을 파괴시킵니다.

여기에 하나님께서 죄를 미워하시는 또 다른 이유가 있습니다. 죄는 하나님과의 관계를 파괴시키고 주변을 파괴시킵니다. 나아가 주변을 희생시키고 움켜쥐면 당장은 자신이 이익을 보는 것 같지만, 결국은 고립되고 미움의 대상이 되어 황폐해집니다. 하나님은 이 순환의 고리를 지켜보고 계십니다. 쉽게 말해, 하나님은 사랑하는 사람이 주변을 파괴시키고 나아가 자신을 파괴시키는 것을 원치 않으신다는 말입니다.

예수님 앞에 자신을 직면하십시오. 내 속에 어떤 죄가 있는지 보여달라고 기도하십시오. 예수님이 해결하지 못할 죄는 없습니다. 예수님이 고치지 못할 습관은 없습니다. 항상 이 말씀을 기억하십시오.

> 만일 우리가 우리 죄를 자백하면 그는 미쁘시고 의로우사 우리 죄를 사하시며 우리를 모든 불의에서 깨끗하게 하실 것이요 요일 1:9

깨끗하게 되는 것에 머무르지 말고 주님을 더 깊이 알아가는 단계까지 가십시오. 궁극적으로 예수님의 사랑을 더 깊이 경험할 수 있습니다.

다윗은 하나님의 사랑을 받은 자로 유명한 사람입니다. 그러나 그가 지불한 죄의 대가로도 유명합니다. 다윗은 어질기로 소문난 그의 이력과는 다르게 사악한 방법으로 여자를 취했습니다. 결국 죄가 문턱에 다다른 날 하나님이 그에게 나단 선지자를 보내십니다. 다윗은 나단 선지자의 낯 뜨거운 지적 앞에 무릎을 꿇습니다. 자신이 여호와께 죄를 지었다고 고백합니다. 다윗은 사실 우리야에게, 밧세바에게, 백성들에게 죄를 지은 것입니다(시 51:4). 그러나 그는 내가 여호와께 죄를 지었다고 고백합니다. 하나님만이 죄를 다스리심을 인정하는 것입니다. 그리고 변명하지 않습니다.

아버지의 진짜 속마음

누가복음 15장을 보면, 예수님은 죄인들과 함께 어울리셨습니다. 그들과 함께 시간을 보내고 같이 식사하는 것을 즐겨하셨습니다. 그것을 보고 누군가는 비난합니다. 예수님은 그들에게 조용히, 그러나 단호하게 말씀하십니다. 한 사람이 양을 백 마리 키우는데 한 마리를 잃어버리면 찾으러 가지 않겠느냐고 하십니다. 재미있는 점은 아흔아홉 마리를 두고 가신다는 것을 강조하신 것입니다. 사실 상식은 아닌 것 같습니다. 재난 영화를 봐도 가능한 많은 사람을 살리기 위해 소수를 희생시키는 것이 상식 아닙니까.

　예수님은 잃어버린 한 마리 양의 소중함에 대해 말씀하신 것입니다. 그리고 양을 끌고 오는 것이 아니라 어깨에 메고 온다고 하십니다. 저희 집 강아지의 무게가 2킬로그램 정도 나가는데도 오래 안으면 무거운데, 양을 메고 산을 넘어 온다니요. 그리고 잔치까지 엽니다. 잔칫상 값이 양 값을 넘어서겠습니다. 예수님의 관심은 상식에 머무는 것이 아닙니다. 사랑하기 때문에 상식을 깨뜨리십니다.

　또 한 드라크마를 잃어버린 여자 이야기를 하십니다. 이 여자 역시 한 드라크마를 찾기 위해 자신의 모든 에너지를 다 씁니다. 찾은 후에는 기쁜 마음에 잔치를 벌입니다. 타산이 맞지 않아 보입니다.

　잃어버린 것을 회복하는 예를 계속해서 말씀하십니다. 우리가 잘 아는 돌아온 탕자 이야기를 하십니다. 이 이야기를 한번 재해석해보겠습니다. 이 아들은 자신이 살던 익숙한 동네와 아버지의 영향력을 벗어나 제대로 한번 살아보고 싶었던 것 같습니다. 마침 여유가 좀 있는 집안입니다. 유산(遺産)이 무엇을 뜻하는지, 아버지가 어떤 섭섭함을 느낄지는 생각을 못합니다. 오직 새로운 세상에 모든 관심이 쏠려 있습니다. 유산을 물려받자마자 정신없이 주변을 정리하더니 불과 며칠 만에 동네를 떠납니다. 젊은 청년이 그 많은 재산을 다 소진하는 데는 그리 많은 시간이 필요하지 않았습니다. 최상의 명품, 최상의 거주지, 최상의 유흥지를 즐겼지만 그 시간은 너무도 짧았습니다.

　때마침 하나님이 이 청년을 정신 차리게 하기 위해 온 나라를 쓰시기로 작정한 것처럼 대규모의 흉년이 들었습니다. 아무것도 없는 이 방 청년을 받아주는 곳은 어디에도 없었습니다. 그는 내쳐지고 내쳐져서 결국은 돼지를 치면서 돼지가 먹는 것을 먹어야 하는 밑바닥 인생이 되고 맙니다. 삶이 고단해졌습니다.

이때 아버지가 생각납니다. 자신이 아버지에게 어떤 죄를 지었는지 이제야 생각이 납니다. 그래서 쉽게 돌아갈 용기가 나지 않습니다. '나 같으면 나 같은 아들을 내쳤을 텐데' 하고 생각하니 두려움이 엄습합니다. 드디어 자신이 저지른 일을 파악합니다. 자신이 망가뜨린 많은 것들이 눈에 보이기 시작합니다. 그래도 살길은 아버지밖에 없기 때문에 마지막 희망을 걸고 편지를 써서 부칩니다.

"아버지, 제가 죽을죄를 지었습니다. 하나님과 아버지께 용서받지 못할 큰 죄를 지었습니다. 그래도 조금이라도 용서해주실 수 있다면 저를 일꾼의 하나로 삼아 일하고 먹을 수 있게만 해주십시오. 정말 못 견디게 힘듭니다. 아버지가 저를 내치셔도 할 말은 없지만 이제 제가 갈 곳은 어디에도 없습니다."

대략 이런 요지의 내용입니다.

그는 주눅 들고 비굴한 얼굴로 동네를 다시 찾습니다. 아버지 얼굴을 뵐 자신이 없어 고개를 푹 숙이고 어귀에 들어섭니다. 한편 아버지는 이 편지를 받자마자 벌떡 일어나 서두르기 시작합니다. 아들이 돌아온다고 해도 며칠이 걸리겠지만 도무지 다른 일이 머리에 들어오지 않습니다. 눈 뜨면서 해가 질 때까지 서성입니다. 드디어 저 멀리 아들이 눈에 들어옵니다. 나갈 때는 멀쩡했던 아들인데 해진 옷과 축 처진 어깨를 보니 지난 세월의 고단함이 절절히 느껴집니다. 생기를 잃은 얼굴이 너무 안쓰럽습니다. 견디지를 못하겠습니다. 아버지는 터벅터벅 다가오는 아들을 기다리지 못하고 달려갑니다. 아들의 목을 감싸고 입을 맞춥니다. 아들의 몸에서 나는 쉰내가 아버지의 동정심을 자극합니다. 눈물이 납니다. 아들이 속을 뒤집어놓고 나갈 때의 섭섭함은 다 잊었습니다. 그저 돌아온 것이 고마울 뿐입니다. 이것이 아버지의 마음입니다. 이것이 사랑입니다.

예수님이 계속해서 말씀하신 것은 상식이 아닙니다. 사랑은 상식이 아니기 때문입니다. 사랑하기 때문에 회복된 것을 즐기는 목자, 여인, 그리고 아버지의 마음에 주님 자신의 마음을 담아 말씀하신 것입니다.

죄는 많은 것을 파괴시키기 때문에 대가를 지불해야 하기도 합니다. 그러나 그 궁극적인 목적을 생각하셔야 합니다. 아버지의 마음을 헤아려보십시오.

| 동행의 **약속** ; 두려울 때 |

두려움의 끝에 서면 하나님의 도우심을 간절히 찾습니다.
두려움은 하나님을 갈망하게 하는 좋은 도구가 됩니다.

1 그때에 히스기야가 병들어 죽게 되매 아모스의 아들 선지자 이사야가 그에게 나아와서 그에게 이르되 여호와의 말씀이 너는 집을 정리하라 네가 죽고 살지 못하리라 하셨나이다

2 히스기야가 낯을 벽으로 향하고 여호와께 기도하여 이르되

3 여호와여 구하오니 내가 진실과 전심으로 주 앞에 행하며 주께서 보시기에 선하게 행한 것을 기억하옵소서 하고 히스기야가 심히 통곡하더라

4 이사야가 성읍 가운데까지도 이르기 전에 여호와의 말씀이 그에게 임하여 이르시되

5 너는 돌아가서 내 백성의 주권자 히스기야에게 이르기를 왕의 조상 다윗의 하나님 여호와의 말씀이 내가 네 기도를 들었고 네 눈물을 보았노라 내가 너를 낫게 하리니 네가 삼 일 만에 여호와의 성전에 올라가겠고

6 내가 네 날에 십오 년을 더할 것이며 내가 너와 이 성을 앗수르 왕의 손에서 구원하고 내가 나를 위하고 또 내 종 다윗을 위하므로 이 성을 보호하리라 하셨다 하라 하셨더라

7 이사야가 이르되 무화과 반죽을 가져오라 하매 무리가 가져다가 그 상처에 놓으니 나으니라

열왕기하 20장 1-7절

| 왕하 20:1-7 |

chapter 10 **'죽음'**이 두려울 때

생명과 죽음의 문제는 하나님의 계획 안에 있다

죽음에 대한 두려움

〈얼라이브Alive〉는 안데스산맥에 추락한 비행기에서 살아남은 사람들이 죽은 동료들의 시체를 먹으면서까지 72일간 생존하며 견뎌낸 과정을 그린 영화였습니다. 실화를 바탕으로 했습니다. 시체를 먹으면서 견뎌냈다는 것이 한때 논란을 불러일으키기도 했습니다. 그러나 그들을 쉽게 비난할 수 있는 사람이 몇이나 되겠습니까? 나 같으면 차라리 굶어 죽고 말겠다고요? 그렇게 쉽게 말할 게 못됩니다. 우리는 우리 속의 삶에 대한 욕망이 얼마나 강렬한지 모르고 살아갑니다. 그러나 죽음의 고비에 이르면 알게 됩니다.

아우슈비츠 수용소의 잔인한 고문에도 사람들은 생(生)에 대한 희망을 놓지 않았습니다. 서울역의 노숙자들은 겨울밤의 극한 추위에서도 견뎌냅니다. 감옥에서 동료들로부터 학대를 당하는 사람들도 꾸역꾸역 살아갑니다. 나 같으면 그런 상황을 견디느니 죽겠다는 말은 할 말이 아닙니다. 삶에 대한 욕망은 다른 모든 것을 견뎌낼 만큼 강한 것입니다. 또한 생명은 무엇보다 소중합니다.

세상에 3대 거짓말이 있습니다. 첫째는 노인이 죽고 싶다는 것이고, 둘째는 장사꾼이 밑지고 판다는 것이고, 셋째는 노처녀가 시집가지 않겠다는 것이라고 합니다. 그중 세 번째 거짓말은 이제 빼야겠습니다. 거짓말이 아니라 사실이 되어가고 있는 것 같아 무서워지니까요.

세상에 죽고 싶은 사람은 없습니다. 물론 모든 소망이 사라지거나 인생이 허망하게 느껴지거나 너무 수치스러운 일을 당했을 때, 그럴 수도 있습니다. 그러나 일반적인 상황에서 죽음은 무엇보다 강하게 피하고 싶은 두려움의 대상입니다.

얼마 전에 어느 리서치 기관에서 암에 대한 설문조사를 했습니다. "암 하면 무엇이 걱정되는가?"라는 질문에 67퍼센트의 사람들이 '치료비'를 걱정했습니다. '죽음'은 12퍼센트 정도로 낮았습니다. 이 결과는 암도 치료가 가능하다는 생각을 반영하는 것이기도 합니다. 먼 죽음보다는 가까운 치료비가 걱정일 수 있습니다. 현실이니까요. 그런데 다른 질문 항목이 있었습니다. "암 하면 무엇이 연상되는가?"라는 질문에는 '죽음'이 37퍼센트, '불안과 두려움'이 32퍼센트 정도가 나왔습니다. 이 둘을 합하면, 약 70퍼센트 정도가 죽음이나 불안한 미래에 대한 두려움이 있다고 말합니다. 결국 현실 때문에 치료비를 걱정하고 있지만, 마음 깊은 곳에서는 죽음이나 그에 관련된 두려움이 지배하고 있다는 뜻입니다.

죽음이 두렵습니까? 죽음은 두려운 대상입니다. 죽음 자체도 두렵지만, 죽음이 앗아가는 것들 때문에 더 두렵습니다. 죽으면 사랑하는 사람들과 헤어져야 한다는 것이 두렵습니다. 죽음으로 잃게 될 내 존재감, 지금까지 쌓아온 명예와 재산이 사라질까 두렵습니다.

옳으신 하나님의 계획

죽음은 하나님의 계획 안에 있습니다. 하나님은 히스기야의 죽음과 삶을 다스리십니다. 열왕기하 20장 1절에 "그때에"라는 말이 나옵니다. 이 시점을 잘못 이해하면 바로 앞에 나오는 강대국 앗수르와의 전쟁이 끝난 직후를 생각할 수 있습니다. 곧 19장 사건 이후처럼 여길 수 있습니다. 18만 5천 명의 앗수르 군대가 예루살렘을 포위했습니다. 그런데 하룻밤 사이에 모든 군대가 몰살을 당했습니다. 하나님의 도움으로 히스기야는 극적인 승리를 거두었습니다. 코에 손 하나 안 대고 코를 푼 것입니다. 그러나 이 승리는 그 전에 흘린 눈물과 통곡의 기도 결과입니다.

오늘의 사건, 곧 히스기야가 병에 걸린 일은 이 전쟁 후가 아니라 앗수르가 예루살렘을 공격하기 직전의 일입니다. 어디서 힌트를 얻을 수 있습니까?

열왕기하 20장 6절을 보십시오.

내가 너와 이 성을 앗수르 왕의 손에서 구원하고

그렇다면 우리는 이 이야기를 다음과 같이 재구성할 수 있습니다. 앗수르의 위협이 시시각각 느껴지기 시작했을 때, 갑자기 히스기야의 몸이 아프기 시작합니다. 하나님께서는 이사야 선지자를 보내서 말씀하십니다.

"이제 네가 떠날 때가 됐으니 네 집을 정리하라."

하나님께서 선지자까지 보내셔서 히스기야에게 죽을 날을 말씀하신 이유가 무엇일까요? 성경 어디에도 이렇게 하신 일이 없습니다. 유독 여기에서만 하나님께서 선지자를 보내셔서 말씀하고 계십니다. 제가 함부로 속단할 수는 없지만, 하나님께서 히스기야의 마음을 시험하려고 하신 것 같습니다. 생각해보십시오. 지금 나라는 '바람 앞의 촛불'과 같은 위기에 놓여 있습니다. 앗수르는 군대를 정비했습니다. "준비, 탕!" 하는 시간만 기다리고 있습니다.

히스기야도 군대를 정비하지만, 어림없습니다. 계란으로 바위치기입니다. 그런데 죽을병까지 걸렸습니다. 이 상황에서 왕이 죽으면 어떡합니까? 예루살렘이고 군대고 다 사라집니다. 모든 것이 다 끝입니다. 유다 왕국의 멸망이 보입니다.

이때 여러분이 히스기야라면, 어떤 기도를 하시겠습니까? 아마 이렇게 기도할지 모르겠습니다.

"하나님, 제가 하나님께 가는 것은 두렵지 않습니다. 그런데 이 백성과 이 나라는 어떻게 합니까? 하나님, 제 사명이 이 백성을 살리는 것이라면 살려주십시오. 이 나라가 절벽 끝에 서 있는 것을 보십시오. 하나님, 이 백성을 살려주십시오."

히스기야가 어떤 기도를 했는지는 성경에 구체적으로 나오지 않습니다. 하지만 히스기야가 벽을 향해 얼굴을 돌리고 기도한 것과 "내가 진실과 전심으로"(왕하 20:2)라고 한 부분을 주의해서 봐야 합니다. 하나님께서는 이미 히스기야가 진실함으로, 그리고 전심으로 하나님을 섬긴 것을 알고 계셨습니다. 히스기야가 통곡하며 말하지 않아도 하나님은 알고 계셨을 것입니다.

그래서 이사야를 공연히 고생시키며 왔다 갔다 하게 하신 것으로 보입니다. 히스기야가 "주께서 선하게 행한 것을 보시기에 기억하옵소서" 하면서 기억을 촉구했기 때문에 하나님이 그제야 "아, 그랬지" 하며 살리신 것이라고는 생각하지 않습니다. 하나님은 히스기야의 진심을 다시 한 번 보고 싶으셨습니다. 군대는 침략해 들어오고 자신은 죽을병에 걸린, 아무것도 할 수 없는 기가 막힌 이 상황을 연출하신 분은 하나님이십니다.

히스기야는 벽을 향합니다. 화려한 왕궁과 사랑하는 가족들, 그를 떠받치는 많은 신하를 뒤로 하고 그는 벽을 향합니다. 아무것도 보이지 않습니다. 이것은 그의 신앙고백입니다. 내가 하나님 외에는 다른 어떤 것도 찾지 않겠다는 고백입니다. 하나님만이 하나님이시라는 고백입니다. 그리고 진실하게 하나님을 전심으로 찾았던 날들을 하소연하며 통곡합니다. 지극히 낮아지고 낮아진 마음입니다.

하나님은 이 마음을 찾고 계셨습니다. 어떤 논리가 하나님을 감동시키지 않습니다. 하나님은 '마음'을 찾으십니다. 다윗에게서도 하나님은 이 마음을 찾으셨습니다. 마음이 합했습니다. 하나님께서는 히스기야의 생명을 15년 연장해주셨습니다. 15년 연장한 것이 하나님의 뜻에도 맞았기 때문입니다. 다윗을 위해 유다의 등불을 남겨놓으시려는 하나님의 뜻입니다. 히스기야 때문에 유다 왕국은 120여 년간 더 유지됩니다.

어떤 사람은 히스기야가 15년을 살지 않고 죽었어야 하는데 살아서 괜히 화(禍)를 불러왔다고 말합니다. 기도하여 얻은 그 기간에 히스기야가 교만해져서 오히려 멸망을 불러왔다고 말합니다. 그러나 그렇지 않습니다. 그가 바벨론 사자에게 왕궁의 보물을 보여준 것 때문에 모든 것이 그리로 옮겨간다는 식의 결론은 성급한 결론입니다. 곧 하나의 원인 때문에 그 다음의 모든 것이 그렇게 되었다고 말하는 것과 같습니다.

예를 들어, 어떤 사람의 몸이 아프면 단지 하나의 행동이나 습관 때문에 그렇게 되었다고 말하는 것과 같습니다. 다양한 조건, 환경, 원인들이 존재합니다. 마찬가지입니다. 유다의 멸망은 이미 정해졌습니다. 물론 히스기야의 교만도 미래의 일과 연결되었습니다. 그의 교만 때문에 심판받은 것은 사실입니다. 그러나 유독 그것 때문에 유다가 심판받는 것은 아닙니다. 히스기야만의 잘못이 아닙니다. 오히려 히스기야는 유다의 멸망을 막았습니다. 히스기야의 생명 연장은 하나님의 뜻 안에 있었습니다.

사람에게는 잘한 일도 있고 실수도 있습니다. 모든 것을 완벽하게 잘하며 살 수는 없습니다. 다만 하나님의 주권에 맡기고 사는 길밖에는 없습니다. 죽어야 한다면 죽어야 하고, 살아서 사명을 계속하라고 하시면 사는 것입니다. 사명이 있는 한 죽지 않습니다.

하나님께서는 사람의 날들을 정하셨습니다. 히스기야에게는 히스기야의 날과 그에게 사명을 정하셨습니다. 그의 생명을 연장해주신 것은 그의 사명이 있었기 때문입니다. 그의 사명이 끝났다면, 15년을 더 연장해주지 않으셨을 것입니다.

우리는 하나님의 영원하신 계획을 생각하며 살아야 합니다. 시편 139편 16절을 유심히 살펴봅시다.

내 형질이 이루어지기 전에 주의 눈이 보셨으며 나를 위하여 정한 날이 하루도 되기 전에 주의 책에 다 기록이 되었나이다

좀 더 쉬운 성경으로 읽어드릴까요?

주의 눈이 아직 형태를 갖추지 않은 내 몸을 보셨습니다. 내게 정해진 모

든 날들이 주의 책 속에 기록되었습니다. 이 날들의 하루가 시작되기 전에 이미 기록되었습니다.

You saw me before I was born. Every day of my life was recorded in your book. Every moment was laid out before a single day had passed.
psalm 139:16, NLT

나의 모든 것이 이미 하나님의 책에 기록되어 있습니다. 놀라운 일입니다. 이해할 수 없습니다. 이해하려고 하니까 머리만 복잡해집니다. 다만 '그렇구나! 하나님께서 나의 날들을 이미 정하셨구나!' 하고 받아들입니다.

하나님께서 정하신 시간이 최적의 시간입니다. 우연은 존재하지 않습니다. 심지어 억울하고 미련이 남는 죽음이라 할지라도 하나님이 정하신 것을 따랐을 뿐입니다. 생명과 죽음은 하나님의 계획 아래 있습니다.

왜 나는 안 되는가?

한때 저는 '하필이면 왜 내가 암에 걸린 거지?' 하는 의문을 품고 산 적이 있습니다. 어둠의 시간이었습니다. 이때 소설가 박완서의 《한 말씀만 하소서》라는 책을 읽었습니다. 자신의 아들을 갑자기 잃은 슬픔 속에서 하나님과 씨름하는 내용이었습니다. 부모가 자녀를 먼저 보내는 고통은 사람이 이 땅에서 당할 수 있는 가장 큰 고통인 것 같습니다.

그녀는 착한 아들을 앗아간 잔인한 하나님에 대한 원망과 슬픔에서 헤어나지 못하고 수도원에 머물러 있었습니다. 그러다 몇몇 수녀들이 식당에서 이야기하는 소리를 우연히 들었습니다. 한 수녀가 어려운 문제가 있었나 봅니다. 그 수녀는 아주 억울한 일을 당했다는 듯이 말했습니다.

"왜 하필이면 나죠?"

그런데 이 말을 듣고 있던 다른 수녀가 이렇게 되물었다고 합니다.

"왜 너면 안 되지?"

그 말이 박완서 씨의 가슴을 찔렀습니다. 그토록 "왜? 왜? 나입니까?"라고 질문하는 작가를 향해 하나님이 하신 대답으로 들었습니다.

"왜 너는 그 일을 당하면 안 되지?"

이것은 하나님이 제게 하신 말씀이기도 했습니다.

두려움이 밀려올 때, 우리는 하나님을 의심할 수도 있고 긍정할 수도 있습니다. '하나님이 나를 기억하시고 구원해주실까?'라는 질문에 의심할 수도 있고 긍정할 수도 있습니다. 의심이 깊어지는 것도 문제지만, 긍정이 잘못된 방향으로 흐르는 것도 문제입니다.

내가 무엇을 긍정하고 있는지 잘 살펴보아야 합니다. 내가 바라는 대로 상황이 흘러가게 하기 위해 일말의 의심도 없이 긍정하는 것은 마치 믿음이 부정 타지 말라고 주술행위를 하는 것과 별로 다르지 않다는 이야기입니다. "무조건 믿고 기도해야 해!", "무조건 긍정의 힘을 믿어야 해!"라고 말하는 것은 위험합니다. 생각하지 않고 믿어야 한다는 것은 슈퍼마켓에 있는 플라스틱 상자 속에 담긴 방울토마토가 그곳에서 자랐다고 생각하는 것만큼이나 순진하고 위험한 생각입니다.

진정한 믿음과 진정한 긍정은 두려움을 일으키는 힘든 상황에서 그 결과가 내가 원하는 대로 흘러가지 않더라도 두려움을 허락한 주체를 믿고 긍정하는 것입니다.

적용해보면, 제가 암에 걸렸을 때 여러 생각을 하면서 회의도 하고 의심도 해보았습니다. 하지만 결론적으로 제게 이 상황을 허락하신 하나님이 최선의 지혜로 주신 것이라고 받아들이는 것입니다. 그리고 허락된 환경 가운데서 배워가고 즐기고 감사하는 것입니다.

간절한 기도 끝에 생명을 15년 연장한 히스기야도, 33년의 짧은 생을 사신 예수님도 다 하나님의 계획 아래 있었습니다. 어느 것이 옳다고 우리는 판단하지 못합니다.

우리가 이 땅에서 살면서 끊임없이 확인해야 할 사실이 하나 더 있습니다. 우리가 아무리 믿음의 결단을 하고 영웅처럼 살고 예수님을 따르기로 헌신했다고 해도, 고통과 두려운 상황에서 면제받지 못한다는 것입니다.

하나님의 관점에서 바라보기

생명과 죽음이 주님의 계획 아래 있다는 것을 안다면 죽음에 대해 어떻게 이해해야 합니까? 죽음도 하나님의 뜻 안에서 이루어진다는 것을 알고 겸허하게 받아들여야 합니다. 죽음조차도 주님이 주관하신다는 것을 알고 두려움에 머물지 않아야 합니다. 왜 두려운 감정이 없겠습니까? 그러나 긍정적인 생각으로 바뀌어야 합니다.

'하나님의 계획 아래 이 땅에서 살다가 돌아가는구나! 이 땅의 출구를 빠져나와 영원한 삶으로 들어가는 새로운 입구를 지나는구나.'

죽음을 하나님의 관점에서 보는 연습을 해야 두려운 감정을 이길 수 있습니다. 돌아갈 집이 없는 사람이 제일 불쌍하지 않습니까? 그런데 돌아갔을 때 따뜻한 집에서 사랑하는 가족들이 기다리고 있다면, 기분 좋은 일입니다. 하나님 아버지에게로 돌아간다는 것은 축복입니다. 이런 영광이 어디 있습니까?

천상병 시인의 〈귀천〉이란 시(詩)를 보십시오.

나 하늘로 돌아가리라

새벽빛 와 닿으면 스러지는

이슬 더불어 손에 손을 잡고

나 하늘로 돌아가리라

노을빛 함께 단 둘이서

기슭에서 놀다가 구름 손짓하며는

나 하늘로 돌아가리라

아름다운 이 세상 소풍 끝내는 날

가서, 아름다웠더라고 말하리라

참 아름답습니다. 가난하고 병약하게 살았지만, 죽음을 소탈하게 여기는 기인(奇人) 같은 사람도 있습니다. 꼭 그리스도인이 아니더라도 죽음을 두려워하지 않는 사람도 있습니다.

그러나 그리스도인은 이들보다도 더 나아가야 합니다. 왜 그렇습니까? 우리는 분명한 목적지와 분명한 대상을 염두에 두고 살기 때문입니다. 우리는 분명히 돌아갑니다. 막연한 하늘이 아닙니다.

하나님의 임재가 완벽하게 이루어진 하늘입니다. 하나님의 통치와 임재, 하나님의 백성이 있는 곳, 천사와 모든 구원받은 무리들이 함께 사는 곳입니다. 그곳은 막연한 상상의 나라가 아닙니다. 우리는 결국 그곳으로 돌아갑니다.

보라 하나님의 장막이 사람들과 함께 있으매 하나님이 그들과 함께 계시리니 그들은 하나님의 백성이 되고 하나님은 친히 그들과 함께 계셔서 모든 눈물을 그 눈에서 닦아주시니 다시는 사망이 없고 애통하는 것이나 곡하는 것이나 아픈 것이 다시 있지 아니하리니 처음 것들이 다 지나갔음이러라 계 21:3,4

우리는 다 소풍처럼 살다가 돌아갑니다. 놀이터에서 한참 놀다가 해가 뉘엿뉘엿 지는 저녁 시간이 되면 아이들이 하나둘 집으로 돌아가듯, 그렇게 집으로 돌아갑니다. 그 집에서 아버지가 기다리고 계십니다. 죽음은 새로운 세계로 들어가는 입구입니다.

|동행의 약속 ; 두려울 때|
죽음은 가장 피하고 싶은 두려움의 대상입니다.
죽음조차도 주님의 주권임을 믿고 두려움에 머물지 말아야 합니다.

에필로그

폭풍 속 주님과의 동행이 현실이 되면
어떤 폭풍도 두렵지 않습니다!

이 글을 정리하는 동안 저는 네 번째 색전술을 받았습니다. 세 번째 시술을 받고 나서 더는 받지 않았으면 했는데, 결국 받고 말았습니다. 작년 5월 초에 세 번째 시술을 받고 거의 1년 반 동안 건강을 잘 유지하고 있었는데 말입니다. 별을 네 개 단 사성(四星) 장군이 된 셈입니다. 그래도 저는 3년간 시술을 네 번밖에 받지 않은 행운아입니다. 어떤 분은 1,2년 사이에 시술을 10번이나 받았다는 이야기도 들었습니다.

하나님의 보호와 인도하심에는 우리가 이해하기 힘든 영역이 있습니다. 저는 병이 완전히 낫기를 위해서도 열심히 기도했습니다. 제가 아는 많은 분들도 그렇게 기도해주고 계십니다.

"목사님, 완치되실 거라고 믿어요."

"목사님, 다 나으실 거예요."

많은 성도들이 제게 위로의 말을 건넵니다.

"그렇게 말씀해주시니 정말 감사합니다."

저도 진심으로 이렇게 대답을 합니다.

그러나 한편으로는 '앞으로 또 무엇이 나를 기다리고 있을지 모르지 않은가?' 하고 궁금해합니다.

고난을 통과하는 구원

우리는 '고난으로부터'(from) 구원받기를 원합니다. 저도 그렇게 기도하고 기대하며 살았습니다. 그러나 하나님은 자주 '고난을 통과하는'(through) 구원을 주십니다. 이 구원에는 깨어짐이 있습니다. 연약함을 처절히 알아가는 통증이 있습니다. 비열한 내면을 보게 하시는 과정이 있습니다. 저는 감사하고 있습니다. 단순히 신앙적인 답변이 아닙니다.

저라고 왜 회의가 없었겠습니까? 제 앞에 무엇이 기다리고 있는지에 대한 두려움이 왜 없었겠습니까? '과연 하나님은 나에게 무엇을 원하시는가?' 하고 고민하지 않았겠습니까?

"이제 충분하오니 거두어가시면 안 되겠습니까?"

이렇게까지 기도해보았습니다.

지금까지도 저는 제 고난에 대한 해답을 찾지 못했습니다. 평안이 없다는 말이 아닙니다. 믿음을 저버렸다는 뜻도 아닙니다. 제 인생의 문제에 대해 간단하게 답을 내릴 수 없다는 뜻입니다. 적어도 저는 그렇습니다. 하나님은 인생 하나하나에 침묵을 지키실 때가 많습니다. 확실하게 말씀하시지 않습니다. 명확하게 보여주시지 않습니다.

그런데 이때 우리가 얻는 것이 있습니다. 그것은 바로 믿음의 본질입니다.

'과연 내가 지금까지 누구를 믿고 살았는가? 앞으로 누구를 믿고 살아야 하는가?'

다시금 하나님과 나를 돌아보게 합니다. 예수님의 고민과 회의에 동참할 기회를 갖습니다. 인생에 대해 쉽게 답하지 말라는 것을 배웁니다. 내 해답이 남에게도 해답이 아니라는 것을 배웁니다. 다만 얼마간의 참고와 도움이 될 수는 있습니다.

내가 두려울 때 배운 것들

지난 3년의 암 투병 과정을 통해 저는 몇 가지를 배웠습니다. 앞으로 얼마나 더 길어질지 모릅니다. 하나님의 인도하심과 공급을 믿고 가려고 합니다. 제가 배운 것들을 여기에 간단하게 정리해봅니다.

두려울 때 나는, 내가 약하다는 것을 알았습니다.

참 단순한 진리입니다. 그러나 목회자로서 두렵다는 것을 성도들에게 표현하고, 그 두려움을 이겨내려고 한다는 것을 알렸습니다. 쉽지 않은 일이었습니다. 하지만 약함을 말할 수 있다는 것은 더 이상 약함이 아닐 수도 있습니다. 자기를 드러낼 수 있다는 점에서 오히려 강하다고 할 수 있습니다. 저는 하나님의 강함을 배웠습니다.

두려울 때 나는, 숨겨져 있는 깊은 교만을 알았습니다.

두렵지 않았다면, 저는 제 스스로 충전할 수 있는 사람이라고 믿고 살았을 겁니다. 'self-sufficiency'(자족)라는 말이 있습니다. 자기충만이라고 할까요? 저는 저도 모르게 그런 교만을 쌓으며 살았습니다. 신학교의 교수로, 교회 개척도 해보고, 크진 않아도 4년 만에 교회 건축도 한 목사로 그렇게 교만을 쌓으며 살았을 것입니다.

그런데 암에 걸리면서 제가 무엇을 바라보며 살았는지를 알게 되었습니다. 그렇다고 제가 병이 나기 전에 항상 교만했다는 말은 아닙니다. 발견되지 않았던 교만의 새로운 층위를 보았다는 말씀입니다. 이 과정 없이는 절대 볼 수 없었던, 지하 깊숙이 묻혀 있던 교만을 보았습니다. 그리고 3년의 과정을 통해 하나씩 내어놓고 있습니다. 언제 이 과정이 끝날지 모릅니다. 시간이 더 걸릴 수도 있습니다. 다만 주님께서 계속 견딜 수 있는 은혜를 주시기를 기도할 뿐입니다.

두려울 때 나는, 주님의 도움이 필요함을 알았습니다.

두려움이 몰려올 때마다 저는 예수님에 대해 많이 묵상했습니다. 특히 겟세마네가 가장 많이 생각났습니다. 주님도 두려워하셨다는 사실이 많은 위안이 되었습니다. 십자가에서 하나님 아버지로부터 버림받은 사실을 알고 울부짖는 주님의 두려움이 큰 위로가 되었습니다.

주님도 두려워하셨고, 회의(懷疑)가 있으셨다는 것은 위로 중의 위로였습니다. '나의 두려움과 회의가 믿음이 없어서가 아니구나!' 하고 알았습니다. 믿음의 위인들도 회의 가운데 두려움을 경험했습니다. 모세가 광야에서 40년 동안 그랬고, 다윗도 쫓겨 다니며 13년 동안 그랬고, 하박국도 항의하면서 고민했습니다. 누구에게는 1년, 누구에게는 10년, 또 다른 누구에게는 더 긴 시간이 필요할 것입니다.

그러나 이 과정을 통해 믿음이 더 깊이 뿌리내리는 것을 보았습니다. 하나님을 더 구체적으로 알아가는 시간이 되었기 때문입니다. 제가 그것을 경험했습니다. 물론 지금도 두려움이 있습니다. 그러나 주님의 도움을 바라보고 살고 있습니다. 아주 단순하게 아이가 엄마를 바라보듯이 그렇게 바라보고 있습니다.

두려울 때 나는, 내 생명을 더 소중하게 생각하게 되었습니다.

생명이 유한하다는 것을, 생각이 아닌 몸으로 체험하였습니다. 육체라는 것이 이렇게 약하고 쉽게 무너질 수 있다는 것을 알았습니다. 저는 종종 간이 있는 부분에 손을 대고 이렇게 말하곤 합니다.

"너도 많이 수고하고 있구나. 지금까지 수고했는데 지금은 약까지 들어가서 더 힘들겠구나."

제 생명과 신체의 모든 부분이 소중하다는 것을 알았습니다. 누가 주인이고 누가 하인이어서가 아닙니다. 다 제 일부입니다. 하나가 아프니 다른 것도 같이 고생한다는 것을 알았습니다. 약한 부분에 손을 얹고 축복해주고 있습니다. 손으로 쓰다듬고 있습니다. 자기사랑이 너무 충만한가요? 아니면 생명의 소중함을 깨달았다는 표시인가요?

두려울 때 나는, 목회의 본질을 깊이 생각하게 되었습니다.

특별히 제가 맡은 교회의 양 떼들을 위해 기도하고, 마음을 더 두게 되었습니다. 내가 힘써 일하고, 힘써 같이 있어야 하는데 양 떼가 안쓰러웠습니다. 그래서 더욱더 기도합니다.

"하나님, 저의 약함이 성도들의 약함이 되지 않기를 원합니다. 제 약함이 나눔교회의 강함이 되기를 원합니다. 주님, 제가 약할 때 더 강력하게 역사하여주옵소서."

교회를 주님께 더 맡기고 삽니다. 아픈 성도들을 한 번 더 돌아보게 됩니다. 어떻게 교회를 위해 일할 수 있을지, 성도들이 성숙해지기 위해 제가 할 일은 무엇인지를 고민하고 있습니다. 전에는 일이 먼저였다면, 이제는 일이 그렇게 중요하지 않게 되었습니다.

성도 한 사람 한 사람이 더 중요하게 되었습니다. 목회는 '사람'이라고 늘 외치던 저였지만, 막상 두려운 일을 당하고 나니 더욱 그런 생각이 듭니다. 지금도 저는 이 초점을 놓치지 않으려고 노력합니다. 일과 프로그램을 생각하다가도 제가 지금 무엇에 우선순위를 두고 있는지 점검해봅니다.

두려울 때 나는, 다른 사람과의 관계를 깊이 생각하게 되었습니다.

사람을 만날 때마다 이번이 마지막일지 모른다는 심정으로 만나게 되었습니다. 그러니 자연히 그 사람에게 집중하게 되었고, 그 사람이 무엇을 원하는지를 읽어내려고 노력합니다. 저는 원래 그런 사람이 아니었습니다. 주도적이고 사람의 감정을 잘 읽지 못하는 사람이었습니다. 특별히 아내는 저에게 다른 사람의 감정을 많이 읽고 느끼라고 결혼할 때부터 주문해왔습니다. 아내와 살면서 자극과 충격을 받을 때마다 조금씩 배워오던 것이 감정 훈련이었습니다. 인간관계에서 가장 중요한 부분 중의 하나이지요.

그런데 나를 내려놓고 그 사람을 올려놓으려 하니, 조금씩 다른 사람의 감정을 읽을 수 있게 되었습니다. 계속해서 노력하고 있습니다. 관계에 더욱 신경을 쓰려고 합니다. 사람은 내 꿈을 이룰 수단이 아니라 같이 꿈을 이뤄가는 동역자요 파트너이기 때문입니다.

두려울 때 나는, 세상이 주는 것이 별것 아님을 알았습니다.
학문도 할 수 있는 만큼 해보았습니다. 여러 학위도 가졌습니다. 경험도 어느 정도 해보았습니다. 홍정길 목사님이라는 걸출한 분과 사역할 수 있는 영광도 10년 동안 누렸습니다. 학생들을 가르쳐보기도 했습니다. 목사로서 복을 많이 받았습니다. 그런데 이 모든 것이 제가 두려움을 이기는 데 결정적인 도움이 되지는 않았습니다. 결국 주님께로 와서 안정을 찾았습니다. 다 사라질 수 있다는 간단한 진리가 마음 깊이 새겨졌습니다.

'내가 받은 학위가 무슨 소용이 있는가? 죽으면 다 사라질 것들인데….'

그러나 제게 생명을 주신 분이 계시니 제가 일할 수 있다는 감사가 있습니다. 이런 감격이 없다면 무슨 재미로 인생을 살 수 있겠습니까? 내가 가진 것들이 한없이 초라해 보였습니다.

사도 바울의 고백이 생각납니다.

모든 것을 해(害)로 여김은 내 주 그리스도 예수를 아는 지식이 가장 고상하기 때문이라 내가 그를 위하여 모든 것을 잃어버리고 배설물로 여김은 그리스도를 얻고 빌 3:8

저도 감히 그렇게 말해봅니다.
"주님을 아는 지식을 위해서라면, 모든 것을 배설물같이 여기겠노라!"

두려울 때 나는, 영원을 보았습니다.

두려울 때면 특별히 하늘을 많이 올려다보았습니다. 영원이 무엇일까를 자주 생각했습니다. 제게 남는 게 무엇일까 고민했습니다.

'내가 죽으면 어떤 평가를 받을까? 어떤 상급이 있을까? 과연 칭찬일까? 꾸중일까? 나는 과연 인생을 제대로 산 것일까?'

많은 생각이 꼬리에 꼬리를 물고 지나갔습니다. 결론은 스스로를 평가할 수는 없다는 것입니다. 잘한 일도 있고 못한 일도 있을 것입니다. 모든 평가를 주께 맡기기로 했습니다. 단지 저는 하루하루를 전심으로 살려고 노력할 뿐입니다. 그리고 돌아갈 집을 더욱더 묵상할 뿐입니다.

두려울 때 나는, 하나님의 은혜를 더 깊이 노래하게 되었습니다.

네 번째 색전술을 받고 아내가 퇴원 수속을 마무리하는 동안 신촌 세브란스병원 3층 로비에 앉아 있었습니다. 그때 처음 병원에 입원해서 보았던 이사야서 12장 2,3절을 다시 보게 되었습니다.

보라 하나님은 나의 구원이시라 내가 신뢰하고 두려움이 없으리니 주 여호와는 나의 힘이시며 나의 노래시며 나의 구원이심이라 그러므로 너희가 기쁨으로 구원의 우물들에서 물을 길으리로다

가슴이 진하게 울려왔습니다. 퇴원하는 날이라 몸에 힘은 없었지만, 영혼은 이 말씀으로 다시금 힘을 얻었습니다. 이 말씀을 처음 보았던 그날부터 3년여가 지난 지금까지 한결같이 나와 동행하신 하나님의 신실함이 다시 나를 울렸습니다.

'나의 힘, 나의 노래, 나의 구원 되시는 하나님을 의지할 수 있다는 것이 얼마나 좋은가? 이런 은혜가 또 어디 있을까? 세상 무엇이 나를 위로해줄 수 있을까?'

모든 것을 다 잃어버린다 해도 이것만 붙들고 살면 되겠다 싶었습니다. 이제 하나님의 은혜를 더 노래하고 싶습니다. 예수님의 구원과 도우심을 더 노래하고 싶습니다.

두려울 때 나는, 두려움에서 빠져나오는 비밀을 배웠습니다.

제가 두려울 때 도움이 되었던 많은 것들을 나열할 수 있습니다. 기도, 말씀 묵상, 신앙 동역자와의 만남, 친구들의 위로, 홀로 걷는 시간, 아내와 마시는 커피, 은혜로운 찬양, 좋은 신앙서적 등등. 그런데 무엇보다 중요한 것은 예수님께 집중하는 것이었습니다. 저는 두려움이 느껴질 때 곧바로 예수께 갑니다. 주님을 묵상하는 데 모든 에너지를 쏟습니다. "주님!"이라고 부르고 깊이 침묵하기도 합니다. 주님의 임재를 연습하는 훈련입니다.

주님과 동행한다는 것

폭풍은 누구에게나 찾아옵니다. 폭풍 없는 인생이 있을까요? 그런데 폭풍 속에서 종종 주님을 놓치곤 합니다. 주님이 나를 버렸다고 생각합니다. 외부의 혼돈보다 내부의 혼돈이 더 괴로운 법입니다. 이 모든 혼돈을 잠재울 수 있는 길은 주님과의 동행뿐입니다.

주님이 두려워하지 말라는 말씀을 하신 뒤에 이어 붙여 하신 말씀이 있습니다. "내가 너와 함께한다"는 말씀입니다. 왜 이 '사실'(truth)이 '현실'(reality)이 되지 못할까요? 저는 이 사실이 현실이 되는 과정을 몸으로 겪었습니다. 진정 감사할 따름입니다.

'폭풍 속의 동행'이 현실이 될 때, 어떤 폭풍도 두렵지 않을 것입니다. 그리고 평안히 주님께서 인도하시는 항구까지 도달할 것입니다. 우리 인생은 단기간 혹은 장기간의 폭풍을 뚫고 항구까지 가야 하는 여행입니다.

저는 다시 현실로 돌아와 회복을 기다리고 있습니다. 앞으로 어떤 일이 일어날는지 모릅니다. 그러나 주님이 같이 동행한다는 약속이 하루하루 걸어갈 힘을 줍니다. 하루가 신선해집니다. 밤에는 새로운 감사가 있습니다.

암이 있다는 것이 그리 불행한 일은 아닙니다.

폭풍 속의 동행 ; 두려울 때

초판 1쇄 발행	2010년 12월 6일
초판 2쇄 발행	2015년 1월 31일
지은이	김수영
펴낸이	여진구
책임편집	강민정
편집 1실	안수경, 이영주, 박민희
편집 2실	김아진, 최지설, 오은미
기획·홍보	이한민
책임디자인	이혜영, 전보영 l 이유아, 정해림
해외저작권	최영오
마케팅	김상순, 강성민, 허병용, 이기쁨
마케팅지원	최태형, 최영배, 이명희
제작	조영석, 정도봉
경영지원	김혜경, 김경희
이슬비전도학교	엄취신, 전우순, 최경식
303비전성경암송학교	박정숙, 정나영
303비전장학회 & 303비전꿈나무장학회	여운학
펴낸곳	규장

주소 137-893 서울시 서초구 양재2동 205 규장선교센터
전화 578-0003 팩스 578-7332 이메일 kyujang@kyujang.com
홈페이지 www.kyujang.com 트위터 twitter.com/_kyujang
등록일 1978.8.14. 제1-22

ⓒ 저자와의 협약 아래 인지는 생략되었습니다.
이 출판물은 저작권법에 의해 보호를 받는 저작물이므로 무단 전재와 무단 복제를 할 수 없습니다.

책값 뒤표지에 있습니다.
ISBN 978-89-6097-188-2 03230

규 | 장 | 수 | 칙

1. 기도로 기획하고 기도로 제작한다.
2. 오직 그리스도의 성품을 사모하는 독자가 원하고 필요로 하는 책만을 출판한다.
3. 한 활자 한 문장에 온 정성을 쏟는다.
4. 성실과 정확을 생명으로 삼고 일한다.
5. 긍정적이며 적극적인 신앙과 신행일치에의 안내자의 사명을 다한다.
6. 충고와 조언을 항상 감사로 경청한다.
7. 지상목표는 문서선교에 있다.

하나님을 사랑하는 자 곧 그의 뜻대로 부르심을 입은 자들에게는 모든 것이 合力하여 善을 이루느니라 (롬 8:28)

Member of the
Evangelical Christian
Publishers Association

규장은 문서를 통해 복음전파와 신앙교육에 주력하는 국제적 출판사들의 협의체인 복음주의출판협회(E.C.P.A:Evangelical Christian Publishers Association)의 출판정신에 동참하는 회원(Associate Member)입니다.